Ein Bauch voll Glück

Dieses Buch soll keine ärztlichen Empfehlungen ersetzen, widerrufen oder ihnen widersprechen. Die Informationen in diesem Buch sind allgemeiner Natur und werden ohne Garantie seitens des Verlags und der Autorin angeboten. Diese übernehmen keine Haftung für eventuell auftretende Schäden und Fehler, die durch die Verwendung des Buches auftreten.

Alle Rezeptfotografien und Annelina-Waller-Porträts: DomQuichotte,
S. 13: stevanovicigor/depositphotos, S. 18: cherokee4/depositphotos,
S. 21: Brent Hofacker/Shutterstock, S. 25: Nadine Primeau/Unsplash

Edition Kochen ohne Knochen

ISBN 978-3-95575-197-5
1. Auflage Dezember 2022

Layout und Satz: Iris Christmann, Christian Mentzel
Cover unter Verwendung von Fotografien von DomQuichotte
Druck und Bindung: Himmer GmbH Druckerei, Augsburg

Ventil Verlag
Boppstr. 25, D-55118 Mainz
www.ventil-verlag.de
www.ventil-vegan.de

Annelina Waller

Ein Bauch voll Glück

Vegan Happy Food

Inhalt

Happy Snacking

Happy Evening

Happy Celebrating

Happy Creating

Über mich, das Bauchgefühl und unsere innere Uhr

Solange ich denken kann, hat mich Ernährung in ihrer bunten Vielfalt begeistert. Schon als Kind fand ich auf meinem Teller eine bunte Auswahl – okay sie war nur grün – aus Löwenzahn, Spitzwegerich und Unkraut (heute weiß ich: Es war Giersch). Die Liebe meiner Eltern zu gesunder Ernährung habe ich früh zu spüren bekommen. Etwas wofür ich ihnen ewig dankbar sein werde. Sie habe ich das in einer gewissen Phase meines Lebens jedoch gar nicht spüren lassen. Ich habe rebelliert und alles gegessen, was ich zuhause nie gefunden habe.

Bei einer Ferienreise gab es dann plötzlich nur das Gegenteilig von dem, was mein Körper von zuhause aus gewöhnt war: Zucker, Weizen, Frittierfett und Fanta. Wasser gab es nicht, da aus der Leitung Chlorwasser kam. Ich habe schon immer sehr viel getrunken, in diesem Fall dann flüssigen Zucker in Form von Limonade. Und da es dort auch 35 Grad heiß war, trank ich sogar noch mehr als sonst und das war für meinen Körper ein absoluter Schock. Zusammen mit dem Chlor aus dem Poolwasser und der Pille, die ich damals genommen habe, hat Candida (ein Hefepilz, den wir über die Nahrung aufnehmen und der sich gerne an die Schleimhäute heftet) sich gedacht: YES, meine Chance! Ich fühle mich hier wohl und richte mir hier ein Zuhause ein. Das Zuhause war in meinem Darm. Da fühlte sich der Pilz putzmunter und fand auch jede Menge an Zucker. Den hat er ruckzuck weggeputzt

und sich immer mehr ausgebreitet. Die Schmerzen bereiteten mir so gar kein gutes Bauchgefühl und ich begann Diät zu halten. Kein Zucker, kein Weizen, kein Alkohol, kein ALLES – gefühlt! Dafür Essig, Salze und Co. Ich war 17 und in Partylaune. Das hat mir also gar nicht gefallen. Dem Candida aber zum Glück auch nicht. Er fand die Salze und den Essig so gar nicht lecker. Ich hingegen habe mich an den ALLES-ENTZUG gewöhnt.

Aus der Diät wurde dann mehr oder weniger mein Alltag. Und dann wurde es mehr: Zu möglichst gar kein Zucker, gar kein Öl, gar kein Gluten kam noch Intervallfasten, Heilfasten, am besten um 5 Uhr aufstehen, erst Sport machen, dann studieren oder arbeiten (ich hatte zwei Jobs und ein Vollzeitstudium). Zum Frühstück gab's einen grünen Smoothie bestehend aus allem, was gesund ist. Oder Overnight Oats mit Gemüse, ein Mittag- und Abendessen so pur wie möglich, kein Alkohol, keine Süßigkeiten.

Noch immer liebe ich Pureness, und es gibt für mich wenig Besseres als Lebensmittel in ihrer Vollkommenheit direkt aus der Natur zu genießen. Jedoch liebe ich auch meine Freiheit, und zu perfekt ist zu perfekt.

Irgendwann habe ich mich gefragt, ob ich mir das Leben damit eigentlich einfacher mache? Ob ich mich besser fühle? Ob ich mehr Freiheit habe? Ob ich auf mich höre oder nur auf die Ratschläge aus Büchern von erfolgreichen Menschen, die, wie ich später merkte, alle von Männern verfasst worden waren.

Nach und nach erkannte ich, dass es mir nur bedingt half und vieles sogar erschwerte. Wie beispielsweise das völlige Loslassen, einfach okay zu sein mit den Dingen, so wie sie sind. Es muss nicht immer besser, schneller und gesünder sein. Es kann auch gut sein genau so, wie es gerade gut ist. Spätestens als ich 30 wurde, habe ich GELASSENHEIT lieben gelernt.

Was ich von Jahr zu Jahr mehr lernen durfte, hat mir mittlerweile auch die Wissenschaft bestätigt. So gut Biohacking für viele sein mag, für Frauen ist das alles etwas anders. Die meisten erfolgversprechenden Konzepte wurden von Männern verfasst. Dazu kommt, dass wir in der Regel nur von Erfolgsgeschichten lesen. Sie erzählen von einem Problem und zeigen dann die Lösung. Wäre ja auch nicht so vielversprechend, nur ein Buch darüber zu verfassen, womit man gescheitert ist. Schlagzeile, neuer Bestseller: »Dinge die du tun sollest, wenn du in deinem Leben keinen Erfolg haben willst«. Vielleicht wäre das mal was? Na ja, bisher mache ich es hier auf jeden Fall auch nicht anders. Ich schreibe erst, was nicht funktioniert, um dann aufzuzeigen, wie es für mich funktioniert. Und das bedeutet, nicht nach einem, sondern nur nach MEINEM Konzept zu leben.

Was bei manchen Männern als sehr erfolgversprechend gilt, kann bei Frauen ganz anders sein. Denn neben dem zirkadianen Rhythmus haben wir noch einen weiteren Rhythmus. Leben wir gegen ihn, leben wir gegen uns.

Ok, Moment, nochmal einen Schritt zurück: Wir haben einen Rhythmus – und als Frau sogar zwei? Das sind erstmal zwei Rhythmen, die ich gerne kennenlernen würde.

WAS IST DIESER ZIRKADIANE RHYTHMUS?

Unsere wundersame zirkadiane Rhythmik, oder einfacher ausgedrückt, unsere innere Uhr, ist ein Zusammenspiel aus all unseren Zellen, die einem Rhythmus folgen wie Musik. Manchmal, wenn die Harmonie gestört wird, gerät dieser Rhythmus aus der Balance und macht sich unangenehm bemerkbar – ich denke da an meinen Jetlag nach meiner Heimkehr aus Bali.

WOFÜR IST DIE INNERE UHR VERANTWORTLICH?

Das Faszinierende ist, dass dieser Rhythmus in jeder Zelle stattfindet, das heißt, dass jedes Mini-Fitzelchen von uns zu jeder Zeit betroffen ist. Er beeinflusst die Stoffwechselprozesse in den Zellen, das Hormon-System, unsere Körpertemperatur, unsere Verdauung, unser Herz und alles andere. Diese Systeme und Organe nehmen wiederum ihrerseits Einfluss auf unseren inneren Rhythmus. Ein unfassbar spannendes und individuelles Zusammenspiel. Es wird unter anderem durch soziale Interaktionen, Aktivität, Licht und Essenszeiten beeinflusst. Dieses Wissen können wir uns zunutze machen. Für alle mit Morgenmüdigkeit kann es zum Beispiel sinnvoll sein, raus ans Licht zu gehen, vielleicht sogar verbunden mit ein bisschen körperlicher Aktivität – ein kleiner Spaziergang oder zur Arbeit radeln wäre ideal! Auf meinem Blog findest du mehrere Artikel zu diesem Thema.

UND DANN GIBT ES NOCH EINEN ZWEITEN, DEN INFRADIANEN RHYTHMUS!

Der Rhythmus für Menschen mit weiblicher Physiologie. Der infradiane Rhythmus beeinflusst sechs verschiedene Körpersysteme: Gehirn, Stoffwechsel, Immunsystem, Mikrobiom, das Stressreaktionssystem und das Fortpflanzungssystem. So, und da haben wir den Unterschied: das Fortpflanzungssystem. In den meisten medizinischen Studien wurde die zweite weibliche Uhr ignoriert. Es handelt sich um einen 28-Tage-Zyklus, der den Menstruationszyklus reguliert. Während Männer sich gut fühlen, wenn sie im Einklang mit dem zirkadianen 24-Stunden-Rhythmus leben, fühlen wir uns als Frauen nur richtig wohl, wenn wir auf beide Rhythmen hören. Macht ja auch Sinn, denn wenn wir unsere Periode bekommen, ignorieren wir sie auch nicht einfach. Extremes Biohacking ist meist nicht das, was dieser Rhythmus für uns vorsieht. Das bringt uns aus dem Gleichgewicht und macht schwerfällig. Wollen wir die Freiheit zurück, dann muss die Reise in uns gehen. Wir kennen uns, wie uns keiner kennt, wenn wir uns wirklich wahrnehmen. Und dann sind wir auch eins mit unserem Bauchgefühl, mit unserer Intuition.

Da wir jeden Tag essen, ist das für mich eine der einfachsten Wege, zurück zur Intuition zu kommen. Wie das geht, erfährst du in diesem Buch. Denk daran: Du gehst den Weg nie alleine und er nimmt auch niemals ein Ende. Die Reise ist das Ziel.

ABOUT ME

Hi, ich bin Annelina Waller, Conscious Creator, Autorin, Expertin in natürlich-pflanzlicher Ernährung, Yogalehrerin und leidenschaftliche Foodie for life. Ich bin davon überzeugt, dass wir alle ein glückliches Leben führen sollen und uns durch unsere Ernährung und unseren Lebensstil nachhaltig viel Gutes tun können. Das motiviert mich täglich, meine Tipps für ein selbstbestimmtes, intuitives Leben online und offline auf verschiedenen Kanälen wie Instagram, meinem Podcast *Conscious Gangster*, meinem Blog, auf Youtube und Pinterest zu teilen.Meine Bücher liegen mir ganz besonders am Herzen, denn so bin ich nicht nur digital, sondern auch physisch in jeder Küche verfügbar und helfe dir, deinen Alltag noch leckerer und genussvoller zu gestalten. Ich bin der Meinung, dass wir am Ende all unsere Entscheidungen aus unserem Bauchgefühl heraus treffen, da dort immer der erste und letzte Impuls entsteht. Je reiner die Verbindung zu unserem Bauchgefühl ist, desto leichter fällt uns das Leben. Da wir täglich essen, verfolge ich die Mission, den Bauch mit Glück zu füllen und diese Verbindung zu stärken. Denn haben wir erstmal einen Bauch Voll Glück, ist bald auch der Kopf voll Glück.

Meine Ernährungsphilosophie – Gibt es eine perfekte Ernährung?

Ich glaube, die perfekte Ernährung gibt es genauso oft, wie es den perfekten Menschen gibt. Jede:r ist auf seine Art und Weise perfekt unperfekt. Und so wie wir uns unterscheiden, unterscheiden sich auch die für uns perfekten Ernährungsformen. Was ich jedoch denke ist, dass die Art und Weise, WIE wir essen, eine deutlich größere Rolle spielt als das, WAS wir essen. Wenn wir oft nicht merken, was und dass wir gegessen haben, ist da etwas schief gelaufen. Ebenso bin ich überzeugt davon, dass wir uns umso leichter und glücklicher fühlen, desto natürlicher und unverarbeiteter unsere Nahrung ist. Und nur so schaffen wir es, die Verbindung zu uns selbst aufrecht zu erhalten und ins Gleichgewicht zu kommen. Wie ich das mache, erfährst du in diesem Buch.

Wenn wir die Antwort auf die Frage suchen, was für unseren Planeten die beste Ernährung ist, dann ist das für mich wie für die Wissenschaft klar:

> **»I can't believe they used to eat animals.«**
> – future generations

Und dabei geht es nicht nur um Tiere, sondern allgemein um Tierprodukte.

Wenn du das liest, ernährst du dich bzw. lebst du wahrscheinlich schon vegan oder bist motiviert, deine Ernährung zu ändern. Bei einer Ernährungsumstellung sollte der Fokus nicht auf einzelnen Lebensmitteln liegen, sondern auf den Ernährungsgewohnheiten. Auch sollte nicht jeder Tag einzeln betrachtet werden. Damit wir langfristig unsere Ernährung für uns »perfekt« gestalten können, sollten wir Freude daran haben. Nur so können wir diese neuen Gewohnheiten nachhaltig aufrecht erhalten. Die Kombination verschiedener Lebensmittel hat einen großen Einfluss auf unsere Ernährung und Lebensmittel sollten daher nicht isoliert betrachtet werden.

Wie wir unser Glück weiter beeinflussen können, erfährst du im nächsten Kapitel. Dass Essen glücklich macht, haben wir bestimmt alle schon erfahren dürfen. Dass bestimmte Zutatenkombinationen uns unterschiedlich fühlen lassen, wahrscheinlich ebenfalls. Doch was sind nun die Nährstoffe und die Kombinationen, die uns besonders glücklich machen?

GLÜCK KÖNNEN WIR ESSEN

Ein wichtiger Bestandteil unserer Ernährung sind Aminosäuren. Es gibt einige Aminosäuren, die unser Körper nicht selbst herstellen, sondern nur über die Nahrung aufnehmen kann. Diese Aminosäuren nennt man essentielle Aminosäuren. Tryptophan ist eine von ihnen. Um genau zu sein, gibt es Tryptophan in unterschiedlichen Formen. Die natürlich vorkommende Form ist das L-Tryptophan, dessen Bedeutung wir uns jetzt einmal genauer anschauen.

Aber warum sprechen wir eigentlich von Tryptophan? Dass zwischen der von uns aufgenommenen Nahrung und unserer Stimmung ein enger Zusammenhang besteht, hast du dir bei der Wahl dieses Buches wahrscheinlich schon gedacht. Ein wichtiger Mitspieler scheint das Tryptophan zu sein, was in mehreren aktuellen Studien wissenschaftlich untersucht wurde. Es konnte ein Zusammenhang von Tryptophan, guter Stimmung und kognitiver Leistungsfähigkeit festgestellt werden. In einer Metaanalyse, die die Ergebnisse von 11 Studien zu dieser Fragestellung zusammenfasst, wurde ein messbarer Effekt in gesunden Erwachsenen gemessen, die zusätzlich zur gewohnten Nahrungsaufnahme 0,14–4 g Tryptophan zu sich nahmen. Genauer: Die positive Stimmung stieg und die Ängstlichkeit nahm ab. Auf aggressives Verhalten scheint Tryptophan jedoch keinen Einfluss zu haben. Noch gibt es viele ungeklärte Fragen: zum Beispiel, wie oft und zu welcher Tageszeit der Effekt von Tryptophan am größten ist.[1] Auch gibt es Hinweise darauf, dass der individuelle Bedarf sehr unterschiedlich sein könnte.[2] Also bleibt uns wohl vorerst nichts anderes übrig, als auf eine ausreichende Zufuhr und unser Bauchgefühl zu achten.

Aber wie kann eine einzelne Aminosäure überhaupt einen solchen Einfluss auf unsere Gefühle und unsere Stimmung haben? Es wird angenommen, dass der Effekt über verschiedene Botenstoffe vermittelt wird. Für diese Botenstoffe ist Tryptophan ein unverzichtberer Bestandteil, da es vom Körper nicht selbständig aus anderen Aminosäuren hergestellt werden kann. Wichtig sind dabei vor allem Serotonin[3] und Melatonin. Das Serotonin hat vielfältige Wirkungen auf unseren Körper: Es wird auch als körpereigenes Antidepressivum bezeichnet, hat unter anderem eine beruhigende Wirkung auf das Nervensystem und beeinflusst das Magen-Darm-System und die Weite unserer Blutgefäße.

WO FINDE ICH DAS GLÜCK?

Wenn du dich jetzt fragst, wie viel diese besagten 0,14–4 g Tryptophan sind und wie du sie einfach aufnehmen kannst, folgen hier für dich ein paar konkrete Vorschläge. Die Aminosäure ist Bestandteil von vielen Proteinquellen, besonders hoch ist der Anteil in Cashewkernen und Sojabohnen (1,6 % vom Proteinanteil), ungesüßtem Kakaopulver (1,5 %) und Haferflocken (1,4 %). Aber auch in Reis, Walnüssen und Erbsen ist eine ganze Menge Tryptophan enthalten.

Pflanzliche Proteinkombinationen

Proteine bestehen aus Aminosäuren. Pflanzliche Lebensmittel enthalten sie in unterschiedlichen Mengen – manche sind reich, andere weniger vorhanden. Die Kombination bestimmter Lebensmittel verbessert das Aminosäure-Profil.

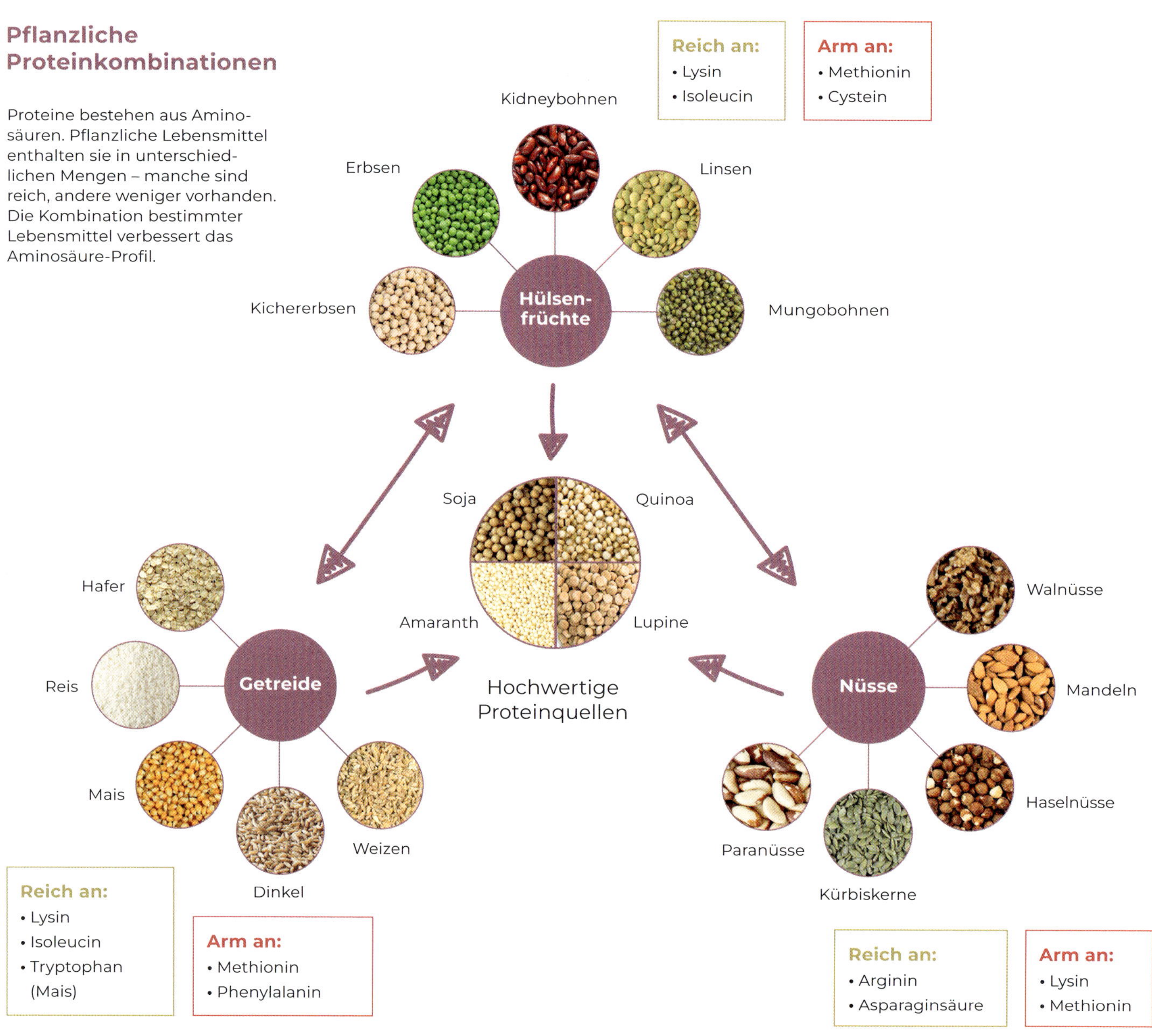

Quelle: ecodemy infografik

Da das schwer vorzustellen ist, hier ein kleines Beispiel: in 100 g Sojabohnen stecken ungefähr 590 mg Tryptophan.[4]

COOL, KANN ICH DANN EINFACH AUCH SUPPLEMENTIEREN?

Jein – wichtig bleibt zu sagen, dass besonders bei der Supplementierung von Tryptophan durchaus auch Risiken durch eine Überdosierung bestehen können. Beim Konsum von tryptophanhaltigen Lebensmitteln gibt es auch noch einige Kleinigkeiten zu beachten. Zum Beispiel, dass diese Aminosäure über spezielle Transporter in das Gehirn aufgenommen wird, die auch noch von einer Gruppe weiterer Aminosäuren verwendet wird (verzweigtkettig) und mit diesen sozusagen um den Transport konkurrieren.

Mit einem kleinen Trick lässt sich dies jedoch lösen: Diese verzweigtkettigen Aminosäuren werden, wenn ausreichend Insulin vorhanden ist, bevorzugt in die Muskulatur aufgenommen und stehen dann nicht länger mit Tryptophan in Konkurrenz um den Transport. Wir können unseren Insulinspiegel erhöhen und diesen Mechanismus nutzen, indem wir zusätzlich zu der proteinreichen Mahlzeit auch Kohlenhydrate essen, die den Insulinspiegel anheben[5]. Auf die Kombination kommt es also an.

EINFACHER:

Vollkorn, Nüsse oder Samen + Hülsenfrüchte = komplettes Protein. Aber keine Sorge, darauf musst du nicht bei jeder Mahlzeit achten. Unser Körper ist schlau genug und kann Nährstoffe speichern. Ernähren wir uns überwiegend vollwertig, essen wir im Laufe des Tages in der Regel so, dass wir von allen Aminosäuren etwas aufnehmen.

Wenn du es aber in einer Bowl möchtest, kann es beispielsweise so aussehen wie auf Seite 57.

Nahrungsergänzungsmittel ergänzen das Glück

Damit du jetzt nicht selbst zur:zum Glücksexpert:in werden musst, habe ich »Ein Bauch voll Glück« kreiert. Auf den nächsten Seiten findest du meine eigene erprobte Anleitung sowie unzählige Inspirationen für tryptophanreiche Rezepte und ideale Kombinationsmöglichkeiten.

WIE KANN ICH MEIN BAUCHGEFÜHL NOCH UNTERSTÜTZEN?

Ich bin fest davon überzeugt, dass wir mit jedem Nährstoff, den wir zu uns nehmen, Informationen aufnehmen. Je reiner die Lebensmittel, desto purer die Information. Je verarbeiteter die Lebensmittel, desto verschlüsselter der Code. Das bedeutet für mich:

DIE GLÜCKSFORMEL

Je verarbeiteter die Lebensmittel, desto mehr Arbeit für uns und unsere Intuition. Je vollwertiger die Lebensmittel, desto besser unser Bauchgefühl.

Aufgrund suboptimaler Produktions- und Verarbeitungsmethoden sind unsere vollwertigen Lebensmittel jedoch lange nicht mehr so vollwertig, wie sie es einmal

Stelle dir eine nachhaltige Bowl zusammen

waren. Auch wegen des fehlenden Fokus auf die Nährstoffbedürfnisse (besonders von pflanzlich lebenden Menschen), sind Nahrungsergänzungsmittel eine wichtige Hilfe.

POTENTIELL KRITISCHE NÄHRSTOFFE EINER PFLANZLICHEN ERNÄHRUNG

Ich war sehr lange gegen Supplementierung und dachte, ich regele das über die Ernährung. Mittlerweile sehe ich das so: Genauso wie sich unsere Lebensmittel verändert haben, verändern sich unsere Körper sowie unsere individuellen Bedürfnisse. Nahrungsergänzungsmittel sind gerade bei einer vegetarischen oder pflanzlichen Ernährung absolut sinnvoll. Ich empfehle, die »kritischen Nährstoffe« regelmäßig zu überprüfen, einen veganen Multinährstoff einzunehmen oder einen mit dem Arzt abgestimmten Nahrungsmittelergänzungsplan.

Auch für Mischköstler ist es wichtig, auf bestimmte Nährstoffe zu achten. Ein Mangel an Nährstoffen wie essentiellen Fettsäuren, Magnesium oder den Vitaminen B_6, B_9 und B_{12} kann die Entstehung einer Depression begünstigen. Gut, das klingt jetzt sehr demotivierend, also schauen wir uns doch lieber an, was wir alles mit einer antientzündlichen, ausgewogenen Ernährung aus Gemüse, Obst, Hülsenfrüchten, Folsäure und Omega-3-Fettsäuren Schönes bewirken können. Ernähren wir uns so ausgewogen, freut sich unsere Psyche ganz besonders. Das hat natürlich wiederum einen Einfluss auf unsere Lebensfreude. Auch unser Immunsystem reagiert direkt und beeinflusst ebenfalls wieder unsere Psyche. Wir können also ganz schön viel richtig machen.

Sonnenenergie macht glücklich

Sonne macht glücklich, ja, so sehr! Wenn diese nicht scheint, merken wir das sofort. Doch warum ist das so?

VITAMIN D

Damit unser Körper Vitamin D herstellen kann, brauchen wir den einwirkenden Reiz von Sonnenlicht, genauer den der UV-B-Strahlung. Fehlt diese, fehlt Vitamin D. Das merken wir recht häufig im Winter. Der Grund: Vitamin D wird für die Regulation des Hirnbotenstoffs Serotonin gebraucht. Dies beeinflusst die Verwertung von Dopamin und unterstützt die Synthese von Noradrenalin. Alle drei Botenstoffe wirken sich sehr auf unsere Stimmung und die psychische Gesundheit

aus. Ein Mangel kann eine mentale Verstimmung oder Depression zur Folge haben. Und genau das wollen wir auf gar keinen Fall! Deswegen supplementiere ich während der sonnenarmen Monate Vitamin D_3 (25-OHD). Das ist nicht unbedingt notwendig, aber verbessert die Grundstimmung und weitere Prozesse in unserem Körper. Ich nehme einen Vitamin-D_3-Komplex, weil unsere Aufnahme durch K_2 erhöht wird.

Lein-, Chia-, Hanfsamen und Walnüsse sowie deren Öle sind immer die erste Anlaufstelle, wenn es in der pflanzlichen Ernährung um Omega-3-Fettsäuren geht. Das ist auch weitgehend richtig, löst jedoch im absoluten Großteil der Fälle nicht das Problem eines Omega-3-Mangels. Der Grund: In den pflanzlichen Lebensmitteln steckt die essentielle Omega-3-Fettsäure Alpha-Linolensäure (ALA). Sie ist wichtig, damit wir die langkettigen Omega-3-Fettsäuren EPA und DHA bilden können. Das sind die Fettsäuren, die unser Körper eigentlich verlangt. Pflanzliche Lebensmittel verfügen, wie wir eben gelernt haben, aber nur über deren Vorstufe ALA, die dann im Körper in die aktiven Formen DHA bzw. EPA umgewandelt werden soll.

Warum Lein-, Chia-, Hanfsamen und Walnüsse nicht reichen

WO IST JETZT DAS PROBLEM?

Diese Umwandlung funktioniert leider nur sehr bedingt und bei sehr vielen (besonders Frauen) auch gar nicht. Dementsprechend findet eine optimale Bedarfsdeckung nur in Ausnahmefällen statt. Ich gehöre nicht zu diesen Ausnahmen.

Fische hingegen sind als wertvolle Quelle für DHA und EPA bekannt. Sie sind jedoch auch nur damit versorgt, da sie die Fettsäuren über Mikroalgen zu sich nehmen. Das bedeutet, Fische zu essen ist ein Umweg, den wir vermeiden, wenn wir unseren Bedarf direkt über Mikroalgenöl decken. Über den Bedarf von Omega-6-Fettsäuren brauchen wir uns keine Sorgen zu machen. Sie stecken bereits mehr als genügend in unseren Lebensmitteln.

PFLANZLICHE PROTEINQUELLEN

Viele klagen nach Bohnen über Bauchschmerzen. Jedoch werden diese immer weniger und verschwinden in der Regel ganz, wenn der Darm sich erst einmal umgestellt hat.

Das klingt jetzt erstmal sehr qualvoll. Keine Sorge, es gibt einige Tipps, die auch diese Reise angenehm gestalten können.

Pflanzliche Proteinquellen

Sojabohnen

Lupinensamen

Linsen

Erbsen

Kidneybohnen

Kichererbsen

Seitan, natur

Tempeh

Tofu, natur

Amaranth

Haferflocken

Quinoa

Dinkelmehl

Kürbiskerne

Mandeln

Walnüsse

JETZT GEHT'S UM DIE BOHNE

Hello Tönchen von dem Böhnchen. So schlimm ist es nicht, versprochen. Falls du ans Bohnenessen noch nicht gewöhnt bist und das Tönchen hervortreten sollte, habe ich hier ein paar Iss-Happy-Tricks, um Oligosaccharide zu verringern. Das sind nämlich die, die für die Klänge sorgen. Gegen das Tönchen – für mehr Böhnchen:

1. Getrocknete Böhnchen in ca. 80 Grad heißem Wasser für einige Stunden einweichen, Wasser danach wegschütten.
2. Kaliumcarbonat aka Pottasche ins Kochwasser geben. Das verringert den Gehalt der Oligosaccharide.
3. Kreuzkümmel ist der Feind der Tönchen. Das ist auch der Grund, weshalb in vielen Bohnencreme-Rezepten Kreuzkümmel verwendet wird.
4. Bohnentagebuch schreiben und jede einzelne Bohnensorte auf Verträglichkeit testen.
5. Ganz viel Bohnen essen, bis du resistent wirst.

Meine absolute Lieblingsbohne ist Soja. Da denken jetzt sicher noch einige »Ohje, Soja! Aber das zerstört doch den Regenwald und erst die ganzen Hormone … Ist das nicht voll gentechnisch verändert? Und dass Männern davon Brüste wachsen, habe ich auch mal gehört …«

MACHT SOJA UNGLÜCKLICH?

In meinem Buch »Mix dein Glück« gehe ich bereits auf die Soja-Mythen ein. Ein paar Punkte möchte ich hier jedoch gerne nochmal aufgreifen. Um beim Bauchgefühl zu bleiben, habe ich mir den Hormon-Mythos herausgepickt. Wenn du Bedenken bezüglich unserer Umwelt hast, kann ich dich auch direkt beruhigen, denn tatsächlich werden nur 2 % der weltweit angebauten Sojabohnen auf direktem Weg von uns Menschen konsumiert. Ein Teil der Bohnen (ca. 18 %) wird zu Öl verarbeitet und der Großteil (80 %) geht als Futtermittel in die Massentierhaltung. Damit haben wir Pflanzenesser:innen dann recht wenig zu tun.

DIE SOJA-KONTROVERSE

Der Ursprung der Kritik an Soja und Sojaprodukten liegt bei einem Unternehmen, das sich selbst als Anti-Vegan positioniert. Es behauptet, dass Isoflavone (Phytoöstrogene der Sojapflanze) unsere Hormone durcheinander bringen können. Dasselbe Unternehmen empfiehlt jedoch fermentierte Produkte, obwohl der Prozess der Fermentation den Gehalt an Phytoöstrogenen erhöht. Das ergibt also absolut keinen Sinn. Weitere negative Schlagzeilen über Soja stammen primär aus Tierversuchen und Zellkulturstudien und treffen somit nicht auf Menschen zu.

Regelmäßiger Sojakonsum ist für uns unbedenklich und potentiell gesundheitlich vorteilhaft. Studien zeigen sogar, dass Sojakonsum das Risiko von Brustkrebs und anderen Krebsarten verringern kann.

Gentechnisch verändertes Soja ist in Europa kennzeichnungspflichtig und gelangt nur durch Kreuzkontamination in die Produkte. Bei tierischen Lebensmitteln ist die Verunreinigung nicht kennzeichnungspflichtig, weshalb wir oft indirekt gentechnisch veränderte Lebensmittel verzehren, die an Tiere verfüttert wurden.

SPEZIELLERE BASICS MEINER GOOD-MOOD-KÜCHE

Auch wenn ich mich bei diesen Rezepten sehr beherrscht habe, nicht über die Fancy-Stränge zu schlagen, gibt es ein paar Zutaten, die für mich einfach alles besser machen.

WORAUF ACHTE ICH?

Am liebsten kaufe ich bio und regional. Jedoch ist alles eine Abwägungsfrage. Bio vor Plastik? Avocado vor Fleisch? Regional vor saisonal? Datteln vor Haushaltszucker? Nachhaltigkeit vor Geschmack? Es gibt viele Fragen und viele Antworten.

Am Ende müssen wir für uns selbst entscheiden, was sich okay und gut anfühlt. Für mich gilt auch hier: Balance is key, let's make it 80/20! (mehr dazu auf Seite 136).

IM MOOD-FOOD-VORRATSSCHRANK

- Ahornsirup
- Yaconsirup
- Dattelmus
- Datteln
- Rosinen
- Nussmus
- Hefeflocken
- Haferflocken
- Nüsse
- Kala Namak
- Vanillepuddingpulver oder Stärkemehl mit Vanille
- Apfelessig

IM MOOD-FOOD-KÜHLSCHRANK

- Kokos-Aminos-Soße
- Soja-/Tamarisoße
- Misopaste
- Seidentofu
- Naturtofu
- Tempeh
- Sojajoghurt
- Sojaquark
- Pflanzenmilch
- Fermentiertes

IN DER MOOD-FOOD-TIEFKÜHLTRUHE

- Erbsen
- Beeren
- Geschälte Bananen
- Blumenkohlreis
- Brokkoli
- Spinat

DREI LEBENSMITTEL, DIE ICH BESONDERS PROMINENT HERVORHEBEN MÖCHTE!

Apfelessig: Kommt bei mir in jeden Salat und schmeckt für mich ganz wunderbar. Das ist für manche bestimmt schwer verständlich, da der Essig sehr sauer ist. Ich persönlich lieb's! Was du vielleicht lieben wirst, wenn dich der Geschmack nicht überwältigt, sind die Glücksdarm-Fakten rund um den Apfelessig: 2 TL zu einer Mahlzeit können den Blutzuckeranstieg um etwa 20 % abschwächen. Bei hochglykämischen Lebensmitteln wie Brot, steigt dein Blutzucker also 20 % weniger an, wenn du es in Essig tunkst oder du einen Salat mit Apfelessig-Dressing dazu isst.

Ganz besonders hat mich aber begeistert, dass er uns Frauen beim polyzystischen Ovarialsyndrom (PCOS) helfen, die Arterienfunktion verbessern und Körperfett abbauen kann.

Daneben ist auch ein Gewichtsbonus für Gewichtsbewusste drin. Wenn du also gerne etwas weniger auf die Waage bringen möchtest, kann der Essig dich auch dabei unterstützen.

Hefeflocken: Die hat mir mein Papi früher immer über den Salat gestreut und ich dachte nur WIESO!? Damals hatten wir die allergesündesten und meiner

Meinung nach auch am wenigsten schmackhaftesten Hefeflocken. Die Marke macht hier den Unterschied, denn das Geheimnis liegt im Nährboden. Je vollwertiger dieser ist, desto mehr Nährwerte enthalten die Flocken. Allerdings sprechen wir hier von einem absoluten Nährstoff-Luxusproblem, weshalb mir das mittlerweile egal ist. Ich kaufe die, die mir am besten schmecken, denn alle Hefeflocken bringen ein Bauchplus. Hefeflocken werden in der pflanzlichen Küche oft als »Käseersatz« verwendet. Neben dem käsigen Geschmack bringen sie jedoch auch Vitamin B_1, B_2, B_6, Pantothensäure und Folsäure mit. Je nach Hersteller variieren die Nährwerte. Drei Esslöffel Hefeflocken liefern 35 bis 100 % des Tagesbedarfs der Vitamine B_1 und B_2.

Kala Namak (Schwarzsalz): Wenn ich mal wieder mein Kala Namak öffne, setzt sich mein Freund direkt einen Platz weiter oder verschwindet ganz vom Esstisch. Das beschreibt etwa den strengen Geruch, der an faule Eier erinnert. Und genau das kann das Salz auch, es verleiht Speisen einen eiigen Geschmack, ganz ohne dabei faul zu sein. Ich bin großer Fan davon, da ich Eier immer sehr mochte. Es kommt ursprünglich aus Indien und wurde dort traditionell hergestellt. Für den kommerziellen Vertrieb gibt es auch günstigeres, synthetisches Schwarzsalz oder Kala Namak mit Harad-Samen. Ich empfehle letzteres, das du beispielsweise in Bioläden bekommst.

2 spoons a day keep the doctor away.

WO KAUFE ICH WAS

Ja, das Großstadtleben hat seine Vor-und Nachteile. Wenn es allerdings um die pflanzliche Ernährung und ausgefallene Zutaten geht, überwiegen die Vorteile. Bist du eher im ländlichen zuhause, kann das mit Tofu, Tempeh und Hefeflocken schon schwieriger werden. Von Kokos-Aminos-Soße ganz zu schweigen. Prinzipiell kaufe ich am liebsten im Biomarkt oder auch in der Drogerie. Mittlerweile gibt es jedoch auch im Discounter extrem viele pflanzliche Lebensmittel und Bioprodukte.

BIOMARKT

Meinen Lieblings-Sojajoghurt, Sojakefir, Tofu, Tempeh und Feto gibt es bisher nur im Bioladen. Auch Kokos-Aminos, Flohsamenschalen und Miso findest du hier. Hülsenfrüchte aus dem Glas sind auch eine sichere Nummer. Kaufst du sie im Discounter, darfst du dich meist zusätzlich über eine ganze Menge unsicherer E-Nummern freuen. Auch meine fermentierten Lebensmittel kaufe ich am liebsten im Bioladen oder auf dem Markt.

DROGERIEMARKT

Pflanzenmilch sowie abgepackten Tofu bekommst du auch hier. Ich bevorzuge jedoch den aus dem Kühlregal. Hefeflocken stehen hier aber beispielsweise sehr hoch im Kurs. Leckere findest du meist in der Beauty-Abteilung bei den Nahrungsergänzungsmitteln.

ASIA MARKT

Gerade wenn es um Soja geht, wird hier groß aufgefahren. Asiatische Lebensmittelläden in Berlin führen da geradezu einen Wettstreit. Wir können bis zu 8 verschiedene Naturtofu-Sorten finden. Besonders aber Tempeh, den aufzutreiben oft ein schwieriges Unterfangen ist, finden wir hier zu einem unschlagbaren Preis. Häufig ist dieser auch in der Tiefkühltruhe zu finden. Das ist kein Problem: Einfach auftauen und am besten schnell verwenden.

INTERNATIONALES LÄDCHEN

Hier kaufe ich am allerliebsten mein Tahin. Das ist eine flüssige Sache, und darauf kommt es mir beim Tahin an. Es soll 100 % Sesam sein, nussig, cremig, flüssig. Bitter brauche ich da nicht, und das haben die im arabischen oder auch türkischen Lädchen echt gut raus. Ergibt ja auch Sinn, sie waren mit die Ersten.

1 Asako M. Kikuchi, Aya Tanabe & Yoshihiro Iwahori (2021) A systematic review of the effect of L-tryptophan supplementation on mood and emotional functioning, Journal of Dietary Supplements, 18:3, 316–333, DOI: 10.1080/19390211.2020.1746725
2 G. Lazaris-Brunner, M. Rafii, R. O. Ball, P. B. Pencharz: Tryptophan requirement in young adult women as determined by indicator amino acid oxidation with L-[13C]phenylalanine. In: Am. J. Clin. Nutr., 68(2), Aug 1998, S. 303–310, PMID 9701187.
3 Jenkins TA, Nguyen JC, Polglaze KE, Bertrand PP. Influence of Tryptophan and Serotonin on Mood and Cognition with a Possible Role of the Gut-Brain Axis. Nutrients. 2016 Jan 20;8(1):56. doi: 10.3390/nu8010056. PMID: 26805875; PMCID: PMC4728667.
4 Nährstoffdatenbank des US-Landwirtschaftsministeriums, 22. Auflage.
5 L-Tryptophan – nature's answer to Prozac (Memento vom 16. März 2016 im Internet Archive) by James South MA.

Sugar Sugar, oh Honey Honey

Ohne Süße wäre unser Leben doch nur halb so sweet, oder? Wer liebt es nicht, ein Stückchen Kuchen am Nachmittag, ein Eis an warmen Sommertagen, Schokolade am Abend oder das Dessert im Restaurant. Das sorgt direkt für gute Laune.

So lecker Zucker auch sein mag, wirkt sich zu viel davon schnell negativ auf unsere Gesundheit aus. Zum Beispiel steigt das Risiko, an Krebs oder Diabetes zu erkranken. Zudem ist Zucker ein potentielles Suchtmittel, was unserem Körper einen kurzen Energiepush ermöglicht, ihn anschließend wieder in ein Loch zieht, was meist in einem Heißhunger auf noch mehr Süßes endet.

Ich möchte keine Angst vor Zucker schüren, sondern zu einem bewussteren Umgang und Zuckerentwöhnung anregen. Denn Zucker hat auch starke Seiten und ist eine wichtige Energiequelle für Gehirn- und Nervenzellen. Jedoch ist Zucker nicht gleich Zucker. Wenn wir keinen raffinierten Zucker mehr zu uns nehmen wollen, haben wir tolle Alternativen. Meine absoluten Lieblings-Süßungsmittel sind: Obst und Obstpüree, gefolgt von Trockenobst und Dattelsüße. Wenn der Eigengeschmack von Obst nicht in dein Gericht passt, gibt es weitere tolle Optionen, den raffinierten Zucker durch natürliche Alternativen auszutauschen. Zum Beispiel Erythrit, Birkenzucker oder Stevia. Mit diesen Zucker-Austauschmitteln gehe ich allerdings sehr sparsam um.

Am liebsten nehme ich Zucker in Form von Obst zu mir. Es ist die einzige Süßquelle, die gleichzeitig gesundheitsförderliche Inhaltsstoffe mitbringt. Der hohe Wassergehalt, die darin eingebetteten Ballaststoffe, die Vielzahl an Nährstoffen sowie die farbenfrohen sekundären Pflanzenstoffe machen Obst zu einem Powerfood. Aufgrund des hohen Wassergehaltes ist der Anteil der enthaltenen Mono- und Disaccharide vergleichsweise gering.

Alternative Süße bringt immer einen Eigengeschmack mit sich. Du darfst hier experimentierfreudig werden, um diesen gut in ein Gericht zu integrieren. Ich achte bei Zuckeralternativen auch darauf, dass sie das optische Ergebnis nicht verändern, so nutze ich zum Beispiel keinen dunklen Zucker in hellen Kuchen, sondern lieber hellen Reissirup, Dattelsüße oder Erythrit.

OBST UND TROCKENOBST

Viel raffinierter als raffinierten Zucker finde ich Früchte wie Äpfel oder Bananen. Sie bringen eine schöne natürliche Süße sowie zusätzliche Ballaststoffe. Darüber freut sich nicht nur unsere Verdauung, sondern auch unser weniger stark ansteigender Insulinspiegel. Auch Trockenobst kann raffiniert verwendet werden. Dieses enthält jedoch eine höhere Nährstoffdichte und mehr Kalorien als nicht getrocknetes Obst.

DATTELZUCKER / DATTELSÜSSE

Dieser Zuckerersatz wird durch getrocknete oder gemahlene Datteln hergestellt und ist datteltastisch eine natürliche Süße. Der Eigengeschmack ist sehr dezent und passt für mich persönlich zu fast allem. Wir können Dattelsüße 1:1 wie Zucker verwenden und ebenso 1:1 von den Nährstoffen der Dattel profitieren.

AHORNSIRUP

Ahornsirup hat circa 60 % der Süßkraft von normalem Zucker und besitzt weniger Kalorien als zum Beispiel Honig. Dem Zuckerersatz wird eine antioxidative und entzündungshemmende Wirkung zugesprochen. Achtung: Oft wird raffinierter Zucker in Ahornsirup gemischt, da die Herstellung teuer ist. Hierauf bitte beim Kauf achten. Ich nutze Ahornsirup nur in Maßen, am liebsten für Pancakes.

REISSIRUP

Reissirup ist im Vergleich zu anderen Sirups eine preisgünstige Alternative und lässt sich durch seinen geringen Eigengeschmack vor allem in Kaffee, Kuchen und in Aufstrichen verwenden. Der Vorteil von Reissirup ist, dass keine Fructose enthalten ist, sodass

er auch gut von Menschen mit Fructoseintoleranz verwendet werden kann. Reissirup liefert zwar weniger Kalorien als Haushaltszucker, verfügt jedoch über eine geringere Süßkraft. Um die gleiche Intensität zu erreichen, müssen wir mehr davon nutzen.

AGAVENDICKSAFT

Diese Alternative favorisiere ich am wenigsten. Agavendicksaft lässt sich durch seinen Geschmack und seine Konsistenz vor allem als Honigersatz verwenden. Ein guter Nebeneffekt: Der Sirup besitzt neben sekundären Pflanzenstoffen auch Vitamine und verschiedene Mineralstoffe. Die Süßkraft ist vergleichbar mit der von Haushaltszucker, er enthält jedoch weitaus weniger Kalorien. Achtung: Agavendicksaft hat eine hohe Fructosedichte, weshalb wir dieses Süßungsmittel in Maßen nutzen sollten, um gesundheitliche Schäden zu vermeiden. Von Expert:innen wird Agavendicksaft als genauso schädlich angesehen wie Zucker. Er wird direkt über die Leber verstoffwechselt, was die Insulinresistenz verstärkt und auch andere Krankheiten fördert.

YACONSIRUP

Yacon ist eine Wurzel aus Peru, die dort traditionell zum Würzen benutzt wird. Der Yaconsirup hat einen milden und fruchtigen Geschmack, der an Honig erinnert. Ich mag ihn gerne, der Geschmack ist teils leicht malzig und weniger süß als der von Zuckersirup. Sein Bauchplus ist auch ganz wunderbar: Yaconsirup hat weniger Kalorien, wirkt sich positiv auf unseren Insulinspiegel aus, hat einen günstigen Einfluss auf unseren Stoffwechsel, unsere Darmgesundheit und unsere Cholesterinwerte. Bist du fructoseintolerant, solltest du diesen Zucker aufgrund seines hohen Fructosegehalts jedoch nicht verwenden.

MELASSE

Bei der Herstellung von Zucker wird Melasse als Nebenprodukt gewonnen, sodass keine zusätzlichen Ressourcen dafür verbraucht werden. Der dunkle Sirup hat circa 60 % der Süßkraft von Zucker und ist vielseitig einsetzbar, z. B. als Brotaufstrich. Seine dunkle Farbe gewinnt in hellen Kuchen jedoch keinen Schönheitspreis. Gesundheitlich triumphiert Melasse hingegen durch Aminosäuren oder mit ihrem Reichtum an Mineralien, wie dem auffallend hohen Gehalt an Kalium, Calcium und Eisen.

KOKOSZUCKER

Kokoszucker wird aus dem Nektar der Kokospalme gewonnen und hat einen sehr karamelligen Geschmack, was ich bei sehr vielen Gerichten liebe. Zugleich ist dieser Zucker nicht so süß wie Haushaltszucker und führt dadurch auch zu einem geringeren Anstieg des Blutzuckers. Die Nährwerte sind jedoch mit denen von normalem Zucker zu vergleichen und der Zucker kommt von weiter her. Daher verwende ich ihn nur sparsam. Gute Verwendungen des Zuckers sind in Joghurt, Kaffee oder Cocktails.

ERYTHRIT

Erythrit ist mein liebstes Zuckeraustauschmittel, das durch einen Fermentierungsprozess hergestellt wird. Das tolle daran ist, dass wir endlich eine Alternative haben, die einen Schönheitspreis für helle Süßspeisen gewinnen könnte. Dazu kommt, dass es quasi keine Kalorien hat, zahnfreundlich ist, wie Haushaltszucker verwendet werden kann und insulinunabhängig verstoffwechselt wird. Letzteres ist vorallem für Diabetiker wichtig, da der Blutzucker unbeeinflusst bleibt. Eine hohe Menge kann auch hier, wie bei jedem anderen Zuckeralkohol, in vermehrten Klogängen enden.

Prinzipiell werden die Zuckeralkohole, darunter auch Erythrit, als gesundheitlich unbedenklich eingestuft. Im Gegensatz zu Zuckeraustauschstoffen sind Süßstoffe keine Verwandten des Zuckers. Sie werden synthetisch hergestellt und natürliche Rohstoffe werden hochgradig verändert. Sie sind extrem süß – Stevia zum Beispiel hat die 300-fache Süßkraft von Zucker und wird deshalb in der Regel nicht pur, sondern als Gemisch eingesetzt. Verwenden wir sie, gewöhnen wir uns häufig an noch Süßeres. Wenn du dich dem Zucker also entwöhnen möchtest, wirst du belohnt, wenn du bewusst damit umgehst.

Keine Kalorien heißt übrigens nicht, dass Süßstoffe keine Gewichtszunahme begünstigen – auch wenn die genauen Mechanismen noch nicht geklärt sind. Als Ursachen kommen das veränderte Darmmikrobiom oder der fehlende Sättigungseffekt in Frage, denn unser Hirn lässt sich nicht so einfach austricksen. Die Studienlage ist sehr dünn, insbesondere was die Langzeitfolgen von regelmäßigem Konsum angeht.

Nährstoffarme Lebensmittel bereiten mir nur wenige Freudentänzchen. Essen darf schmecken, meinen Körper und Geist versorgen und wohltuen. Das klappt in meiner Küche ganz hervorragend mit Obst, Trockenobst oder Dattelsüße. Haushaltszucker nutze ich hingegen nicht.

Jedoch gilt auch hier für mich: »Balance is key – let's make it 80/20«. Außer Haus und bei Festen achte ich da aber nicht sonderlich drauf.

Happy Morning

Starte glücklich in den Tag

Let's start the day in a happy way

Damit du und deine Verdauung morgens richtig in Schwung kommen, und das Glücksgefühl sich in allen Zellen ausbreitet, kannst du dich und deinen Darm mit einem kleinen Verdauungs-Flow bereichern.

Die genauen Übungen findest du auch auf meinem YouTube-Kanal »Annelinas Yoga« unter dem Titel »Digestion & Happy Gut Flow«.

Vierfüßlerstand

Kuh

Katze

Herabschauender Hund

Wirbelsäulen-Welle

Wirbelsäulen-Welle

Liegestütz, Plank

(Tiefer) Ausfallschritt (plus prayer twist)

Ausfallschritt

Krieger II

Dreieck

Wirbelsäulen-Welle

Wirbelsäulen-Welle

Kindhaltung

Kleine Cobra

Einbeiniger Bogen

Halbe Vorbeuge

Ganze Vorbeuge

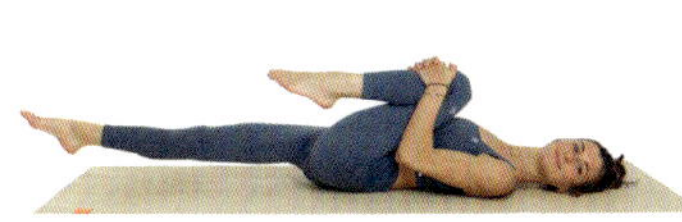

Rückenlage und Knie an Brust

Drehsitz

Pflug

Kerze

Liegende L-Form

Endentspannung

Gesunder French Toast

Eigentlich ist alles an diesem Klassiker non-vegan, aber keine Angst: Es klappt auch mit viel Liebe und Phantasie ohne Eier und Milch und steht seinem Vorbild in nichts nach.

Zutaten für 2 Portionen
4 French Toasts

100 ml Pflanzenmilch
1 reife Banane
1 TL Zimt
2 TL Leinsamen
4 Scheiben Sauerteigbrot
Kokosöl zum Braten

Optional zum Servieren

Apfelkompott oder Obst und Kokosjoghurt nach Wahl

Zubereitungszeit: 15 Minuten

Das Brot zunächst zur Seite legen, dann alle Zutaten für den French Toast in einen Mixer geben. Anschließend in einen großen, tiefen Teller gießen.

Deine Brotscheiben darin für ein paar Minuten einweichen, bis sie vollgesaugt sind.

Kokosöl in einer Pfanne erhitzen und die vollgesaugten Brotscheiben von beiden Seiten für ca. 4 Minuten anbraten. Anschließend herausnehmen und auf 2 Tellern mit deinen Lieblingstoppings anrichten. Je nach Süße der Banane und Milchwahl, deinen Toast optional mit Sirup beträufeln.

Annelinas Tipp

Ich nutze gerne eine ungesüßte Erbsen-oder Sojamilch. Sie bringt extra Proteine sowie Vitamine, Mineralstoffe und Spurenelemente. Für noch mehr Protein kannst du die Banane auch durch 80 g Tofu ersetzen oder etwas Proteinpulver hinzugeben.

Süßkartoffel mit Apfel und Zimt

Ach, die süße Kartoffel und ich führen schon eine besondere Beziehung! Die Knolle hilft nicht nur dabei, unseren Serotoninspiegel positiv zu unterstützen, sondern auch unsere Stressresistenz zu erhöhen.

Zutaten für 2 Portionen

2 kl. Süßkartoffeln
2 Äpfel
2 TL Zimt
2 EL Rosinen
Saft von ½ Zitrone
2 EL Nüsse

Toppings
Kakao Nibs, Blaubeeren, Nussmus, Sirup

Zubereitungszeit: 15 Minuten / Backzeit: 40 Minuten

Den Backofen auf 200 °C Ober-/Unterhitze vorheizen. Die Süßkartoffel mit der Schale waschen und mit einer Gabel einstechen. Die Äpfel waschen, in kleine Stücke schneiden und mit dem Zimt, Rosinen und Zitronensaft in eine Auflaufform oder ofenfeste Form mit Deckel geben. Die Süßkartoffel gesondert auf dem Backblech mit den Apfelstücken für 40–45 Minuten weich garen.

Die Nüsse die letzten 10 Minuten ebenfalls gesondert in den Ofen geben und mitrösten.

Die Süßkartoffel aus dem Ofen nehmen und längs halbieren. Das Apfelmus auf den beiden Kartoffeln verteilen. Die Nüsse hacken und ebenfalls darüber geben. Nach Belieben süßen und weitere Toppings wie Nussmus, Kakao Nibs oder Blaubeeren hinzugeben.

The Lazy Hack: Das Ganze schmeckt auch mit Kürbis. Für die schnellere Variante am Morgen kannst du deine Süßkartoffel auch schon am Abend in den Ofen schieben und anstelle von Apfel Apfelmus nutzen.

Annelinas Tipp
Die Süßkartoffel enthält viele für Veganer wichtige, potentiell kritische Nährstoffe und ist reich an ß-Carotin, das ein Provitamin ist, also eine Vorstufe zu Vitamin A. Da freut sich unser Zellaufbau sowie Immunsystem ganz besonders.

Luftige Pfannkuchen aus dem Ofen

Get creative. Diese Pfannkuchen sind echt genial – sie werden etwas dicker und fluffiger als gewöhnliche und ähneln einem Kuchen.

Zutaten für 10 Stück

Mohn-Pfannkuchen

1 EL Zitronensaft

1 TL Natron

130 ml Sojamilch

200 g Mehl (z. B. Buchweizen und/oder Hafer)

1 geh. EL Mohn

2 EL Dattelsüße

100 ml Mineralwasser

Toppings

Himbeeren, Banane, Sirup, Kokosjoghurt

Zubereitungszeit: 20 Minuten / Backzeit: 14 Minuten

Zitronensaft und Natron in die Sojamilch geben, einmal umrühren und ca. 15 Minuten stehen lassen. Es schäumt und wird eine Art Buttermilch.

Backofen auf 220 °C (Umluft 200 °C) vorheizen.

Währenddessen die trockenen Zutaten für den Teig mit einem Schneebesen gut mischen. Die Buttermilchmischung vorsichtig mit dem Mehl vermengen. Das Wasser dazugeben und umrühren. Auf ein Backblech gießen, gleichmäßig mit dem Löffel verstreichen und mit Obst wie frischen oder gefrorenen Himbeeren belegen.

Für ca. 14 Minuten im Ofen backen. Kurz auskühlen lassen und in Quadrate schneiden. Warm mit deinen Lieblingstoppings servieren.

Spinat-Pfannkuchen

30 ml Sojamilch

1 Handvoll Spinat

1 EL Zitronensaft

1 TL Natron

200 g Mehl (z. B. Buchweizen und/oder Hafer)

100 ml Sprudel

1 Prise Salz

Die Sojamilch mit dem Spinat pürieren. Zitronensaft und Natron in die Sojamilch geben. Kurz umrühren und stehen lassen. Weiter vorgehen wie oben beschrieben.

Nach Lust und Laune süßen, oder aber auch salzig lassen und mit Tomaten und Oliven toppen.

Annelinas Tipp

Du kannst die Pfannkuchen süß und salzig kreieren und zum Beispiel Karotten oder Zucchini hineinreiben oder Spinat mitpürieren. Es ist ganz einfach: Du nimmst dein Lieblingsrezept, machst einen Teig daraus und verteilst diesen auf einem Backblech, anstatt ihn in der Pfanne zu backen.

Quinoa-Frühstück-Muffins

Außen knusprig, innen weich. So hat meine Mama die Muffins beschrieben. Sie sind nicht nur zum Frühstück lecker, sondern auch für Picknicks oder gesundes Meal-Prep geeignet.

Zutaten für 4 Muffins

100 g Quinoa
20 g Leinsaat, gemahlen
100 g Haferflocken, feinblatt
100 g Sojajoghurt
40 g Dattelsüße
2 geh. EL Nussmus

Zubereitungszeit: 30 Minuten / Backzeit: 30 Minuten

Quinoa mit der dreifachen Menge Wasser oder nach Packungsbeilage kochen. Falls noch Wasser übrig sein sollte, dieses absieben.

Backofen auf 200 °C (Umluft 180 °C) vorheizen.

Fertige Quinoa mit Leinschrot vermischen und die restlichen Zutaten unterrühren. Für 5 Minuten quellen lassen.

Die Masse mit einem gehäuften Esslöffel auf 4 Muffinformen verteilen und für 30 Minuten im Backofen gar backen.

Anschließend warm oder kalt, pur oder mit Beeren servieren.

Annelinas Tipp

Die strotzen nur so vor Eiweiß, Mineralien und Spurenelementen.

Overnight Oats – dreierlei Gemüse

Ich war immer Team Overnight Oats statt Porridge. In meiner Studienzeit habe ich mir jeden Abend meine Haferflockenmischung mit geriebenem Gemüse sowie gefroren Beeren in einem Schraubglas in den Kühlschrank gestellt. Am nächsten Morgen eine Banane hinzugeschnitten und mein Glas dann mit in die Uni oder auf die Arbeit genommen.

Zutaten für 1 Portion (Basis)

60 g Hafer-/Buchweizen-/Hirse- oder Dinkelflocken

10 g Nüsse, gehackt (Mandeln, Walnüsse, Haselnüsse oder Erdmandeln)

1 EL Leinsamenschrot

270 ml Pflanzendrink nach Wahl (z. B. Hafer- oder Sojadrink, calciumangereichert)

Version 1

1 kl. Zucchini

100 g Himbeeren (TK oder frisch)

1 Prise Vanille oder Tonka

Version 2

1 kl. Karotte

1 Apfel

1 TL Zimt

Version 3

100 g Blumenkohlreis (TK oder frisch)

1 TL Mohn

1 Banane

Optional: 1 TL Bio-Zitronenschale

Zubereitungszeit: 10 Minuten

Am Vorabend alle Zutaten (Basis) in ein Schraubglas füllen und kräftig schütteln, etwas Platz im Glas lassen. Die Zutaten für die Variationen können bereits am Abend hinzugefügt werden, ich gebe sie jedoch lieber am Morgen dazu.

Variation 1: Am nächsten Morgen (oder am Abend zuvor) die Zucchini reiben und mit den Himbeeren sowie Gewürzen unter die Flocken mischen.

Variation 2: Am nächsten Morgen die Karotte und den Apfel reiben und mit dem Zimt unter die Müslimischung heben.

Variation 3: Am nächsten Morgen Blumenkohl reiben, oder TK-Blumenkohlreis verwenden und mit der Banane und den Aromen unter die Oats mischen. Die Banane kann ebenfalls zerdrückt werden. Bei Bedarf das Ganze etwas süßen und mit Blaubeeren servieren.

Annelinas Tipp

Mit diesem Frühstück kannst du deinen Glücksboten L-Tryptophan direkt am Morgen essen und dich glücklich machen.

Scrambled Tofu

Wenn ich am Abend zu tief ins Glas geschaut habe, war Rührei früher mein absolutes Katerfrühstück. Nun ist es das eher, wenn ich am Abend zu viele Gewichte gestemmt habe. Dann ist Tofu-Ei mein absolutes Anti-Muskelkater-Frühstück.

Zutaten für 2 Portionen

2 Frühlingszwiebeln
2 TL Olivenöl oder Apfelessig
200 g Tofu, natur
5 Champions
10 Cocktailtomaten
80 ml Pflanzenmilch
1 TL Flohsamenschalen
½ TL Kurkuma
1 Prise Kala Namak
Pfeffer und Salz

Optional: Hefeflocken, Petersilie oder Schnittlauch

Zubereitungszeit: 10 Minuten / Garzeit: 10 Minuten

Frühlingszwiebeln klein schneiden und in Öl 3 Minuten anbraten. Wenn du kein Öl verwenden magst, eignet sich Apfelessig hervorragend zum Dünsten und hilft auch deiner Verdauung.

Den Tofu waschen, abtropfen lassen und in die Pfanne krümeln.

Pilze und Tomaten klein schneiden und untermischen. Kurz anbraten, Pflanzenmilch und Flohsamenschalen dazugeben und weitere 7 Minuten braten. Dabei häufig mit einem Löffel umrühren und größere Tofu Stücke mit dem Löffel verkleinern.

Mit Kurkuma, Kala Namak, Salz und Pfeffer abschmecken.

Ich serviere mein Rührei gerne mit Hefeflocken und frischen Kräutern auf (Toast)-Brot oder mit Salat.

Get creative: Ich liebe mein »Rührtofu« auch mit Harissa-Paste oder sehr viel Chili. Das gibt dem ganzen einen hitzigen Kick, und dir gleich mit.

Annelinas Tipp

Das vegane Rührei versorgt uns mit reichlich Protein und Calcium. Eine Portion deckt beinahe die Hälfte unseres Tagesbedarfs an Calcium – das hat doch was oder? Außerdem bringt das vegane Ei statt Sorgen Eisen und Zink.

Glutenfreie Eiweißbrötchen

Diese Brötchen dauern zwar länger, sind dafür jedoch eine nachhaltige Investition für deinen Darm und Glücksgefühle. Ein echtes Protein-Power-Frühstück.

Zutaten für 10 Brötchen

150 g Quinoa
60 g Haferflocken, feinblatt
1 ½ EL Kürbiskerne
1 ½ EL Leinsamen, geschrotet
1 EL Flohsamenschalen
½ Packung Trockenhefe
100 ml Wasser
½ TL Salz

Zubereitungszeit: 30 Minuten + 30 Minuten Einweichzeit / Backzeit: 40 Minuten

Quinoa gründlich waschen und nach Packungsanleitung kochen. Ggf. übriges Wasser abgießen und Quinoa abkühlen lassen.

Gut mit den restlichen Zutaten vermengen und mind. 30 Minuten quellen lassen, bis die Flohsamen die Flüssigkeit aufgesaugt haben.

Den Backofen auf 180 °C (Umluft 160 °C) vorheizen.

Währenddessen den Teig in 10 gleichgroße Brötchen formen und für etwa 40 Minuten auf zweitunterster Schiene gar backen.

Frittata-Muffins

Ganz wie beim Scrambled Tofu sind diese Muffins gekonnte Protein-, L-Tryptophan- und Calcium-Lieferanten. Let's start the day in a happy way.

Zutaten für 6 Muffins

200 g Naturtofu
1 EL Tamarisoße
2 TL Hefeflocken
1 TL Maisstärke
1 TL Rauchpaprikapulver
2 EL Hummus, natur
1 kleine Zwiebel
1 Knoblauchzehe
Öl zum Braten
1 kl. Handvoll Gemüse nach Wahl (z. B. Zucchini, Champignons, Paprika, Lauch)

Optional: Kala Namak
Salz, Pfeffer

Zubereitungszeit: 20 Minuten / Backzeit: 20 Minuten

Tofu, Tamarisoße, Hefeflocken, Stärkemehl, Paprikapulver und Hummus mit einem Stabmixer zu einer homogenen Masse verarbeiten.

Zwiebel und Knoblauchzehe schälen, fein hacken und in einer kleinen Pfanne mit etwas Öl andünsten.

Das Gemüse waschen und in kleine Würfel schneiden. Kurz in die Pfanne geben und mit Salz, Pfeffer und etwas Paprikagewürz abschmecken.

Gemüse mit der Tofumasse vermischen. Mit einem Löffel auf 6 Muffinförmchen aufteilen.

Im vorgeheizten Backofen bei 180 °C Ober-/Unterhitze für ca. 20 bis 25 Minuten backen. Die Frittata sollten leicht braun sein.

Pur oder mit Rucola-Salat servieren.

Veganes Omelette

Eigentlich liebe ich Eierspeisen in allen Varianten – umso glücklicher war ich als ich diese würdige Alternative für mich entdeckt habe.

Zutaten für 2 Portionen

Grundteig × 2: siehe Seite 175

1 kl. Zwiebel
400 g Seidentofu
60 g Stärkemehl
2 EL Hefeflocken
½ TL Kurkuma
1 TL Kala Namak
1 TL Natron
Öl zum Braten

Gemüse nach Wahl wie z. B. Spinat, Zwiebeln oder Pilze

Zubereitungszeit: 10 Minuten

Die Zwiebel schälen und halbieren. Mit den restlichen Zutaten in einen Mixer geben und cremig pürieren.

Etwas Öl in einer antihaftbeschichteten Pfanne bei mittlerer Hitze erhitzen. Sobald die Pfanne heiß ist, ein Viertel bis die Hälfte der Teigmenge hineingeben (je nach Pfannengröße) und die Pfanne schwenken, damit sich der Teig gut verteilt.

4–6 Minuten zugedeckt braten lassen bis die Oberseite gar ist.

Die Ränder mit einem dünnen Pfannenwender oder Spatel lösen.

Die Füllung deiner Wahl auf die eine Hälfte des Omeletts geben, dann die andere Seite vorsichtig umklappen. Leicht andrücken und weitere 3 Minuten garen.

Ideen für die Füllung
Gedünstetes Gemüse: Spinat, Champignons, Zwiebeln, Spargel, Paprikaschoten, Kartoffeln
Frisches, fein gewürfeltes Gemüse: Gurke, Tomate, Petersilie und Avocado
Veganer Käse mit Schmelzeffekt oder selbstgemachter Mozzarella.
Wursteffekt: Gehackte vegane Wurst/Speck oder Räuchertempeh

Servieren: Für ein leichtes Frühstück esse ich das Omelette gerne nur mit Gemüse. Sonst liebe ich es auch mit Sauerteigbrot oder Röstkartoffeln. Oft nutze ich einen Teil des Teigs auch für eine Art Carbonara oder gebackenes Tempura-Gemüse (siehe Seite 175).

Annelinas Tipp

Für dein Wunder-Ei-Erlebnis, empfehle ich dir sehr eine gute Antihaft-Pfanne zu verwenden. Diese Sojaböhnchen im Tofu haben ein stärkeres Verlangen als Ei, sich an die Pfanne zu klammern. Die Hitze auf mittlerer Stufe ist sehr vorteilhaft, um das Tofu-Ei gut durch zu garen.

Happy Lunching

Für deine schnelle Mittagsküche

Erfahrung und Tradition im
mit viel Sorgfalt per Hand
wir eine langanhaltende
guten Appetit!
Verzehr waschen!

Vertraue auf dein Bauchgefühl

Jeden Monat wird eine neue Diät zum Trend – und jedesmal verkauft sie sich gut, weil am Ende meist alle scheitern. So war das auch mit dem »intuitiven Essen«. Was früher ganz natürlich war, scheinen wir verlernt zu haben. Oft merken wir gar nicht, wie viele von uns mit jedem Bissen Kalorien zählen oder den Bezug zu Essen völlig verloren haben; was wir überhaupt essen, wann und wie oft.

So erging es auch mir. Ich habe immer mehr darauf gehört, was gesund sein soll und immer weniger darauf, was wirklich gesund für mich ist. Ich habe jahrelang intermittierendes Fasten gemacht und mich beinahe jeden Abend übergessen – weil in meinem Kopf bereits der Morgen war, an dem ich nicht essen würde. Dadurch habe ich den Bezug zu meinem Körper verloren, während ich dachte, dass ich ihm etwas Gutes tun würde.

Beim intuitiven Essen geht es darum, zu essen, wenn wir hungrig sind und aufzuhören, wenn wir satt sind. So einfach das klingen mag, so schwierig ist es für viele von uns das umzusetzen. Wir haben verlernt auf unser Bauchgefühl und unsere Bedürfnisse zu hören. Wir haben verlernt zu spüren, was uns gut tut. Gründe dafür finden wir in der ständigen Informationsflut, im Überangebot und der Überverabeitung an Lebensmitteln sowie in den vielen Reizen, die uns während des Essens ablenken.

Wie bei allen Labels gibt es auch beim intuitiven Essen meiner Meinung nach Herausforderungen und der Begriff wird häufig missinterpretiert. Damit du deinem Bauch mehr Aufmerksamkeit schenkst als anderen Ratschlägen, die uns täglich an den Kopf prasseln, möchte ich gerne teilen, was mir hilft, mich in meinem Körper wohlzufühlen, meinem Bauchgefühl zuzuhören und die Verbindung zu mir selbst zu stärken.

Denn was wir zu uns nehmen und wie wir essen, beeinflusst unseren Körper und auch unseren Geist. Jeder Aspekt in unserem Leben wird von dem beeinflusst, was wir aufnehmen. Täglich treffen wir weit über 200 Entscheidungen im Zusammenhang mit Lebensmitteln, die meisten davon unbewusst. Zeit, das zu ändern, unsere Entscheidungen bewusst zu treffen und negative Gefühle abzuwehren.

Intuitives Essen wird oft stark vereinfacht als »Esse, wenn du hungrig bist und höre auf, wenn du satt bist« dargestellt. Aber in Wirklichkeit gibt es so viel mehr Nuancen bei diesem Ansatz.

DAS PARETO-PRINZIP

Damit das Ganze auch wirklich funktioniert, ist es wichtig, ein Grundverständnis von Ernährung zu haben. Gerade heute ist so vieles so stark verarbeitet, dass unser Körper gar nicht mehr die Chance hat, die Signale der Lebensmittel zu entschlüsseln. Meiner Meinung nach kann eine intuitive Ernährung deswegen nur funktionieren, wenn wir uns nach dem 80/20-Prinzip, auch Paretoprinzip genannt, ernähren. Das bedeutet, dass deine Ernährung zum größten Teil (80 %) aus möglichst unverarbeiteten Lebensmitteln besteht und die restlichen 20 % aus allem anderen, was dein Herz begehrt.

10 HILFREICHE PRINZIPIEN

- Intuitive Essensprinzipien
- Ernähre dich nach dem 80/20-Prinzip
- Verwerfe die Diät-Mentalität
- Würdige deinen Hunger
- Schließe Frieden mit dem Essen
- Fordere die Lebensmittelpolitik heraus
- Entdecke dein Sättigungsgefühl frühzeitig
- Begegne deinen Gefühlen mit Aufrichtigkeit
- Respektiere deinen Körper
- Ehre deine Gesundheit

Meine kraftvollstes Tool um das umzusetzen:

DIE ATMUNG

Bestimmte Atemübungen helfen mir nicht nur dabei, in stressigen Situationen zu entspannen und zur Ruhe zu kommen, sondern auch bei möglichen Beschwerden von Magen und Darm.

Probiere vor deiner nächsten Mahlzeit einmal diese Übung aus: kurz bevor du isst, führst du – je nachdem wieviel Zeit du hast – 1–3 gezielte Bauchatmungen aus.

Atme dafür tief in den Bauch ein und ganz langsam wieder aus. Das wars auch schon.

Atmest du tief ein, kannst du sehen und fühlen, wie sich deine Bauchdecke durch das sich in den Bauchraum schiebende Zwerchfell anhebt und dein Bauch sich etwas nach vorne wölbt. Am Anfang hilft es, wenn du eine Hand auf deinen Bauch legst und zwei bis drei tiefe Atemzüge nimmst.

DIE 5 W-FRAGEN FÜR DICH

1. Was esse ich? Beschäftige dich mit deinen Lebensmitteln und deren Nährstoffen. Je unverarbeiteter du isst, desto einfacher wird es dir fallen, auf dein Bauchgefühl und deine Intuition zu hören. Du bist, was du isst!
2. Warum esse ich? Beschäftige dich mit deinem Hungergefühl und inneren sowie äußeren Reizen. Oft ist Essen nur eine Kompensation von Gefühlen.
3. Wann esse ich? Beschäftige dich mit deinem natürlichen Rhythmus, sodass sich eine Routine einstellt und dein Körper seinen Energiehaushalt regelmäßig balancieren kann. Achte auch darauf, dass dein Körper und dein Darm genügend Ruhephasen haben.
4. Wie esse ich? Beschäftige dich mit deinem Essenstempo und beseitige eventuelle Ablenkungen. Das wird dir auch dabei helfen, ein Sättigungsgefühl zu entwickeln.
5. Woher kommt mein Essen? Beschäftige dich mit der Herkunft deiner Lebensmittel und mit der Geschichte dahinter! Mit jedem Kauf kannst du einen nachhaltigen und ethischen Beitrag leisten. Achte auf regionales und lokales Obst und Gemüse, auf Bioqualität und auf kurze Transportwege. Damit unterstützt du nicht nur Planet Erde und die Landwirte, sondern auch deine eigene Gesundheit sowie eine gute Verbindung zu dir.

Bohnenfrikadellen mit Sesamsoße

Dieses Rezept ist zeitintensiver als die meisten anderen in diesem Buch. Es lohnt sich jedoch sehr und hält deinen Geldbeutel schlank. Bohnen selbst einzuweichen, ist deutlich günstiger als fertige Gläser zu kaufen.

Zutaten für 2 Portionen

100 g gelbe Sojabohnen oder Kichererbsen
400 ml Gemüsebrühe
2 Knoblauchzehen
1 Zwiebel
½ TL Paprika, geräuchert
½ TL Kreuzkümmel, frisch gemahlen
1 Prise frisch geriebene Muskatnuss
2 EL Stärkemehl
Meersalz
Olivenöl zum Anbraten

Soße

2 Knoblauchzehen
2 EL Tahin
2 EL Mandelmus
Saft von 1 Zitrone
Salz

Zum Servieren

150 g gekochter Reis
Salatblätter
Mandelblättchen

Vorbereitungszeit: 20 Minuten / Kochzeit: 1 Stunde / Einweichzeit: über Nacht

Die Bohnen oder Kichererbsen in einer Schüssel mit Wasser bedeckt über Nacht einweichen. Das Einweichwasser am nächsten Tag abschütten und die Bohnen etwa 1 Stunde in der Gemüsebrühe kochen, bis die ganze Flüssigkeit aufgenommen worden ist.

In der Zwischenzeit die Knoblauchzehen und die Zwiebel schälen. Den Knoblauch mit etwas Salz zerdrücken und die Zwiebel fein hacken.

Die Bohnen mit einem Pürierstab mixen und mit den Gewürzen und Stärkemehl zu einem Teig verarbeiten. Die Zwiebel-Knoblauch-Mischung dazukneten.

Den Teig mit Salz abschmecken und zu kleinen Plätzchen formen. Diese im heißen Kokosfett von beiden Seiten goldbraun braten. Wenn du kein Öl-Fan bist, kannst du sie optional im Ofen backen.

Für die Soße Knoblauchzehen schälen und zerdrücken. Zusammen mit dem Tahin und dem Mandelmus sowie dem Zitronensaft verrühren. Mit so viel Mineralwasser verdünnen, bis eine cremige Soße entstanden ist.

Die Mandelblättchen ohne Fett hellbraun rösten.

Den gekochten Reis auf 2 Teller geben und die Gewürzplätzchen darüber streuen. Mit gewaschenen und trocken getupften Salatblättern anrichten und mit Sesamsoße sowie den Mandeln garnieren. Die restliche Soße extra dazu reichen.

Annelinas Tipp

Wenn du die Bohnen selbst zubereitest, kannst du durch den Einweichprozess die blähenden Stoffe (Oligosaccharide) sehr gut verringern und damit bleibt nicht nur der Geldbeutel, sondern auch der Bauch flach.

Veggie-Casado-Bowl

Casado bedeutet im Spanischen wörtlich »verheiratet« oder »verheirateter Mann«, womit das Gericht eine liebevolle Anspielung auf die Ehefrauen ist, die Mahlzeiten für ihre arbeitenden Ehemänner zubereiteten. Eine andere Auslegung des Namens Casado ist, dass viele köstliche unterschiedliche Lebensmittel miteinander vermählt werden. Damit hat diese Bowl für mich etwas super romantisches. Casado gilt als Nationalgericht Costa Ricas und besteht aus Reis, (schwarzen) Bohnen, Eiweiß und Gemüse – alles auf einem Teller und bei mir natürlich in einer Bowl.

Zutaten für 2 Portionen

120 g Reis
100 g schwarze Bohnen
200 g Tofu
1 Banane
2 Handvoll (Feld-)Salat oder Babyspinat
Öl zum Braten

Marinade

2 EL Soja
1 EL Ahornsirup
2 EL Stärke

Pico de gallo

2 Tomaten
1 kl. Zwiebel
15 g Koriander
1 Peperoni
2 EL Limettensaft, frisch
Meersalz

Soße

1 EL Tahin
3 EL Wasser
1 TL Hefeflocken
Meersalz

Zum Servieren

2 Schalen oder Tortillas nach Belieben

Zubereitungszeit: 25 Minuten

Den Reis waschen und in einem Kochtopf oder Reiskocher mit der dreifachen Menge Wasser und einer Prise Salz gar kochen.

Die Bohnen gründlich absieben, bis sie nicht mehr schäumen.

Den Tofu der Breite nach in Streifen und die Banane in diagonale Scheiben schneiden.

Sojasoße und Ahornsirup in einer Schüssel vermischen und die Speisestärke auf einen Teller geben. Den Tofu und Banane in Sojasoße und Ahornsirup wenden und anschließend mit beiden Seiten einmal auf die Speisestärke drücken.
Öl in einer Pfanne erhitzen und zuerst den Tofu, dann die Banane von beiden Seiten goldbraun braten. Der Tofu braucht etwas länger als die Banane, weswegen ich empfehle beides seperat zu braten. Bei der Banane besonders vorsichtig sein, damit nichts anbrennt.

Für die Pico de gallo alle Zutaten klein hacken. Je feiner gehackt, desto stärker wird das Aroma. Alle Zutaten in einer Schüssel vermengen und 10–15 Minuten stehen lassen.

Währenddessen den Salat waschen und die Zutaten für das Tahin-Dressing in einer Schüssel gut miteinander verrühren.

Den Salat in eine Schale geben und mit den restlichen Zutaten und optional Avocado servieren.

Wrap it: Optional kannst du alle Zutaten auch in Tortilla zu einem Wrap wickeln.

Orientalischer Kichererbsen-Couscous-Salat

Ich persönlich mag Kichererbsen-Couscous, Linsen-Couscous oder eine Mischung aus beidem am liebsten. Du bekommst Couscous zum Beispiel in Bioläden oder im Drogeriemarkt.

Zutaten für 2 Portionen

300 g Blumenkohl
2 EL Tahin
Salz nach Belieben
50 g Erbsen (TK, aufgetaut)
100 g Kichererbsen-Couscous
Saft 1 Zitrone
1 EL Sesamöl
1 Prise Salz
2 TL Schwarzkümmel
1 gestr. TL Zimt
150 g Gurke
50 g Datteln/Rosinen, 2 Medjool
½ Bund Petersilie

Toppings

Z. B. Granatapfel, mehr Petersilie, geröstete Pinienkerne

Zubereitungszeit: 15 Minuten / Backzeit: 15 Minuten

Den Ofen auf 180 °C (Umluft) vorheizen. Ein Backblech mit Backpapier belegen. Blumenkohl in sehr kleine Röschen teilen, den großen Strunk entfernen. Die Röschen waschen und trocken tupfen.

In einer Schüssel Tahin mit 6 EL Wasser und Salz gut verrühren. Die Blumenkohlröschen darin wenden und auf dem Backblech verteilen. Anschließend die Erbsen ebenfalls darin wenden und auf dem Backblech verteilen. Alles für 15 Minuten im Ofen rösten. Herausnehmen und etwas abkühlen lassen.

In der Zwischenzeit den Couscous nach Packungsangabe zubereiten, abkühlen lassen und mit Zitronensaft, Öl, Salz, Schwarzkümmel und dem Zimt würzen. Die Gurke waschen und in feine Würfel schneiden. Die Datteln grob hacken, die Petersilie waschen, trocken schütteln und ebenfalls grob hacken. Datteln, Petersilie und Backofengemüse unter den Salat heben.

Falls du die Muße hast, empfehle ich dir hier absolut, einem Granatapfel an den Kragen zu gehen und zu entkernen. Deinen Salat in eine große Schüssel geben und z. B. mit Granatapfelkernen, gerösteten Pinienkernen sowie noch mehr Petersilie servieren.

Ruckzuck-Teff-Naan mit Erbsendip

Naan ist einfach himmlisch und mit dem Erbsendip kommt noch eine Portion essentieller Aminosäuren hinzu. Ich liebe Erbsen, da sie lecker süßlich schmecken und ein proteinreicher sowie ballaststoffreicher Snack sind. Es gibt sie in zig Varianten, bin gespannt welche euch am besten schmecken.

Zutaten für 2 Portionen

Für das Naan

150 g Teffmehl
½ TL Backpulver
1 TL Meersalz
120 g pflanzlicher Joghurt (ich nutze Sojajoghurt)

Für den Aufstrich

1 Stängel Minze
½ Stängel Frühlingszwiebel
200 g Erbsen, gefroren
80 ml Gemüsebrühe
Saft von ¼ Zitrone

Toppings

Schwarzkümmel, Pinienkerne oder Sesam, Granatapfelkerne, Minze

Zubereitungszeit: 30 Minuten

Für das Naan

Das Mehl in einer Schüssel mit Backpulver und Salz vermischen. Mit 2 TL Wasser und dem Joghurt zu einem Teig verkneten. Diesen darfst du dann in 4 Stücke teilen, zu Kugeln formen und auf einer bemehlten Arbeitsfläche ½ cm dünn ausrollen. Diese dürfen dann in einer Antihaft-Pfanne, ganz ohne Öl, in wenigen Sekunden von beiden Seiten braun werden. Das Naan im Backofen warm halten.

Für den Aufstrich

Für deinen Erbsendip Minze waschen und die Blätter vom Stengel zupfen. Die Frühlingszwiebel ebenfalls waschen und in feine Ringe schneiden.

Mit den übrigen Aufstrich-Zutaten in einem Mixer oder mit einem Pürierstab cremig pürieren.

Servieren

Die warmen Teff-Naan mit dem kalten Dip und deinen Wunsch-Toppings wie Schwarzkümmel und Granatapfel servieren.

Annelinas Tipp

Ok cool, und was mache ich, wenn ich nicht so viel Zeit habe? Easy: Du kannst auch nur eins der beiden Rezepte machen und das Naan z. B. mit Joghurt bestreichen, Zitrone sowie Salz und Pfeffer plus ein paar Kräuter darüber geben. Oder den Erbsendip mit Maiswaffeln und Rohkost genießen. Er hält sich auch eine Weile im Kühlschrank und ich mache meist die doppelte Portion.

Eintopf-Tofunese

Ich weiß nicht wie du das siehst, aber wenn ich weiß, dass ich alles nur in einen Topf schmeißen muss und danach auch nur einen Topf plus Schneidebrett zum Spülen habe, bin ich gleich viel motivierter. Deswegen finde ich das Rezept auch super für jeden Single-Haushalt. Du kannst z. B. die Hälfte einfrieren und für einen stressigen Moment bereithalten.

Zutaten für 2 Portionen

1 rote Zwiebel
2 Knoblauchzehen
20 Cocktailtomaten
1 Karotte
200 g Räuchertofu
2 TL Apfelessig
½ TL Abrieb einer Bio Zitrone
2 Zweige Rosmarin
200 g Dinkelpasta
300 ml Gemüsebrühe
300 ml Tomatensoße
2 TL (Kokos-)Zucker
2 TL Nussmus
Pfeffer und Salz zum Abschmecken
Frischer Basilikum

Zubereitungszeit: 20 Minuten

Zwiebel und Knoblauch schälen und fein würfeln. 10 Cocktailtomaten halbieren, die anderen 10 zur Seite stellen. Die Karotte waschen, halbieren und in dünne Scheiben schneiden. Den Räuchertofu zerbröseln.

Zwiebel und Knoblauch für 3 Minuten in Apfelessig andünsten. Anschließend den Tofu dazugeben und ebenfalls kurz andünsten. Nun alle weiteren Zutaten bis auf die 10 Tomaten in den Topf geben und zum Kochen bringen. Etwa 10–12 Minuten al dente köcheln, dabei gelegentlich umrühren. Den Rosmarin herausfischen. Ich esse einen Teil der Blättchen mit, jedoch mundet das nicht jedem.

Jetzt die restlichen Cocktailtomaten vierteln und unter die Pasta mischen. Mit Salz und Pfeffer abschmecken und mit frischem Basilikum servieren.

Cremige Auberginensoße mit Tagliatelle

Ich liebe es, wenn ich eine Soße kreiere, die super cremig schmeckt, keiner herausfindet, was die Hauptzutat ist und die eigentliche Creme doch Gemüse ist :). Diese Hidden-Veggie-Sache ist schon etwas wunderbar Samtiges.

Zutaten für 2 Portionen

500 g Tagliatelle oder andere Pasta
1 große Zucchini

Für die Soße

1 mittlere Aubergine
1 Zwiebel
3 Knoblauchzehen
120 ml Gemüsebrühe
30 g helles Tahini oder Cashewmus
1 Prise frischen Muskat
1 Tasse Erbsen (gefroren)

Zum Servieren

Petersilie oder Basilikum

Zubereitungszeit: 15 Minuten

Für die Soße

Die Aubergine gut waschen und in sehr dicke Scheiben schneiden. Zwiebel und Knoblauch schälen. Zwiebel vierteln und mit der Aubergine und dem Knoblauch dünsten. Wenn du keinen Dünsteinsatz hast, den Boden eines Kochtopfs mit Wasser bedecken und dein Gemüse bei geringer Temperatur für 10–12 Minuten mit halb geschlossenem Deckel gar dünsten.

In der Zwischenzeit die Nudeln nach Packungsanleitung kochen.

Die Zucchini gut waschen und mit einem Spiralschneider zu Nudeln drehen, beiseite stellen.

Anschließend dein gedünstetes Gemüse mit 120 ml Gemüsebrühe, Tahini und Muskat im Mixer cremig pürieren. In einen Kochtopf geben und mit den Erbsen einmal aufkochen. Je nach gewünschter Konsistenz ggf. noch etwas Gemüsebrühe oder einen Schuss Pflanzenmilch dazugeben.

Den Herd ausstellen, Pasta und Zucchini mit der Soße vermengen und mit Salz und Pfeffer abschmecken. Die Zucchini-Pasta gart durch die Hitze noch etwas nach und verliert so nicht ihre angenehme Bissfestigkeit. Auf zwei Schalen verteilen und mit frischen Kräutern wie Petersilie oder Basilikum servieren.

Tortilla de Patata

ICH LIEBE TORTILLA. Ich liebe fast alle Eiergerichte. Und dann sind da Kartoffeln, meine zweite Liebe. Rein nährwerttechnisch sind sie in Kombination mit Tofu und Kala Namak ebenso genial. Vor allem wenn du die Tortilla etwas abkühlen lässt. Dadurch wird sie auch stabiler.

Zutaten für 2 Portionen

400 g Kartoffeln
1 gr. Zwiebel
Olivenöl zum Braten
250 g Tofu, weiß
140 ml Gemüsebrühe
2 geh. EL Maisstärke
Salz und schwarzer Pfeffer nach Belieben

Kein Muss aber Nice-to-have-Gewürze

Kala Namak, Currypulver oder Kurkuma, geräucherte Paprika

Zum Servieren

Salat, mehr Kala Namak, frischer Schnittlauch

Zubereitungszeit: 45 Minuten

Die Kartoffeln gut waschen und wenn nötig schälen, je nach Größe halbieren und dann in sehr feine Scheiben schneiden. Ich nutze gerne Drillinge, die ich nicht halbieren muss. Die Zwiebel ebenfalls schälen, halbieren und in feine, halbe Ringe schneiden.

Kartoffeln und Gemüse in einer Pfanne mit Olivenöl für ca. 15 Minuten gar braten.

Währenddessen Tofu, Gemüsebrühe, Maisstärke sowie deine Gewürze in einen Mixbehälter geben und zu einer cremigen Masse pürieren.

Die Creme in eine Schale geben und mit den Kartoffeln vermengen.

Anschließend Olivenöl in einer Pfanne erhitzen, die Tortilla-Masse in die Pfanne geben. Bei mittlerer Hitze für 5–6 Minuten zugedeckt braten.

Einen großen Teller auf die Pfanne legen und die Tortilla daraufstülpen, um sie gewendet wieder in die Pfanne zu geben. Erneut 3–4 Minuten braten.

Wieder auf einen Teller stülpen und mind. 5 Minuten lang vor dem Anschneiden abkühlen lassen, sodass die Masse stocken kann.

Da der Kala-Namak-Geschmack beim Kochen nachlässt, würze für mehr Ei-Geschmack nochmals nach. Mit z. B. Schnittlauch, frischem Salat sowie Cocktailtomaten oder (selbstgemachtem) Ketchup servieren.

Annelinas Tipp

Durch das Abkühlen gekochter stärkehaltiger Nahrungsmittel, wie Kartoffeln oder Reis und Nudeln, entsteht resistente Stärke. Sie wird vom Dünndarm nahezu unverdaut ausgeschieden und im Dickdarm abgebaut, wobei die Fettsäure Butyrat produziert wird, die einen positiven Einfluss auf die Darmflora hat.

Blumenkohlsteak mit Sesamtempeh

Das Ganze sieht zwar aus wie Steak, was den Proteingehalt betrifft, wird es seinem Namen jedoch nicht gerecht. Dafür überzeugt das Blumenkohlsteak geschmacklich.

Zutaten für 2 Portionen

Ofen-Gebackenes

1 mittelgroßer Blumenkohl
500 g Kartoffeln (Drillinge)
200 g Tempeh oder Tofu

Marinade

3 geh. EL Sesammus
2 EL Apfelessig
3 EL Sojasoße
1 EL Yaconsirup oder anderen
1 TL Thymiangewürz
Salz und Pfeffer nach Belieben

Nach Wunsch

Zusätzliches Sesamöl zum Beträufeln

Zum Servieren

Frische Korianderblättchen, Granatapfel, ggf. Übriges der Marinade

Zubereitungszeit: 50 Minuten

Den Backofen auf 200 °C Ober-/Unterhitze vorheizen und ein Backblech mit Backpapier auslegen.

Die äußeren Blätter vom Blumenkohl entfernen. Den Strunk zu einem flachen Boden schneiden und den Kohl auf ein Schneidebrett stellen. Mit einem großen Messer den Kopf in der Mitte von oben nach unten durchschneiden und von den Hälften je 1 Scheibe abschneiden (ca. 3 cm dick), sodass der Strunk die Röschen zusammenhält.

Die Kartoffeln gut waschen und je nach Größe halbieren oder am Stück lassen, sodass alle etwa die gleiche Größe haben. Die Schale darf dran bleiben.

Den Tofu ebenfalls waschen, trocken tupfen und in Würfel schneiden.

Für deine Marinade in einer großen Schüssel das Sesammus mit 4–5 EL Wasser, je nach Konsistenz, verrühren. Deine anderen Zutaten dazugeben und zu einer mitteldicken Soße verbinden.

Die Blumenkohl-Steaks sowie abgefallene Röschen mit der Marinade bepinseln und auf ein Backpapier geben. Die Kartoffeln in die Schüssel geben, mit einem Löffel ebenfalls mit der Soße ummanteln und auf das Backpapier legen. Mit dem Tempeh wiederholen und entweder direkt, oder vorher mit etwas zusätzlichem Sesamöl beträufelt, in den Backofen schieben und alles für etwa 25 Minuten goldbraun backen. Nach etwa 15 Minuten vorsichtig alles einmal wenden.

Blumenkohl, Tempeh und Kartoffeln, gezupften Koriander und Granatapfelkerne auf einem Teller anrichten. Falls du noch Soße übrig hast, mit dieser verziert servieren.

3-Zutaten-Kartoffelsalat mit Vischtofu

Zugegeben, Tofu ist kein Fisch, aber mit den Noriblättern kann er schon ganz schön fischig werden. Und das ganz ohne die unangenehmen Nebenwirkungen, die Fischfang so mit sich bringen kann.

Zutaten für 2 Portionen

500 g Kartoffeln (Drillinge)
50 g Cashewbruch
100 ml Gurkenwasser
8 Essiggurken
Pfeffer und Salz nach Bedarf

Optional: Dijon-Senf, Kala Namak, Dill

250 g Tofu
1 Blatt Nori-Seetang, in 4 Stücke geschnitten
12 Kirschtomaten
4 dünne Scheiben Zitrone
2 Zehen Knoblauch
2 EL Buchweizenmehl
4 TL Thymian
Mandelblättchen
4 TL Olivenöl
Salz und Pfeffer
Frischer Dill nach Belieben

Zubereitungszeit: 25 Minuten / Garzeit: 25 Minuten

Kartoffeln in Salzwasser kochen und den Cashewbruch für 10 Minuten mit heißem Wasser überbrühen. Anschließend leicht abkühlen lassen und noch warm schälen. Dann weiter abkühlen lassen. Essiggurken in feine Würfel schneiden.

Für dein Dressing das Gurkenwasser zusammen mit dem Cashewbruch in einen Mixer geben und mixen. Je nach Gurkenwasser optional einen sehr gehäuften Teelöffel Senf sowie Kala Namak dazugeben und erneut mixen.

Abgekühlte Kartoffeln in feine Scheiben schneiden. Alles zusammen in einer Schale zu einem Kartoffelsalat vermengen. Mit Salz und Pfeffer und optional frisch gehacktem Dill abschmecken.

Ofen auf 180 °C vorheizen.

Tofu in 8 ca. ½ cm dünne Scheiben schneiden. Noriblatt in 4 Stücke schneiden, die so groß sind, dass 2 Scheiben Tofu darauf passen. Tomaten in Scheiben schneiden, Zitronenscheiben halbieren, Knoblauch schälen und ebenfalls in Scheiben schneiden.

Buchweizenmehl auf einen Teller geben und Tofu darin wälzen.

1 Stück Backpapier in 4 Teile schneiden, sodass jeweils 1 Tofu-Visch darin eingewickelt werden kann. Backpapierstücke auf ein Backblech legen, Nori-Blätter gleichmäßig verteilen und je 2 Scheiben Tofu daraufgeben.

Jeweils 1 TL Thymian auf den Tofu geben und gut salzen und pfeffern. Verteile die Knoblauchscheiben darauf, dann die Tomatenscheiben, Zitronenscheiben und Mandelblättchen. Mit Olivenöl beträufeln.

Wickle das restliche Backpapier um den Visch, sodass beide Enden vom Visch beschwert sind und sich nicht mehr öffnen. Bei 200 °C mit Grillfunktion 25 Minuten lang backen.

Happy Snacking

Snack dich glücklich. Süß, herzhaft und gesund

Schritt für Schritt zum Bauchglück

NAHRUNG FÜR PSYCHE UND SEELE

Zwischen Mittagessen und Kaffee gehört für mich eine kleine Atem-und Bewegungspause an der frischen Luft. Wenn wir uns in der freien Natur bewegen, produzieren wir vermehrt Dopamin und Serotonin. Das fördert unser Glückslevel zusätzlich und baut Stress ab.

Oft gönnen wir uns diese kleinen Pausen nicht, weil wir so gestresst sind. Damit tun wir unserer Gesundheit jedoch keinen Gefallen. Durch den Stress signalisieren wir unserem Körper, dass wir auf der Flucht sind. »Uff«, denkt er, »möglichst lange überleben ist angesagt, ich fahre lieber den Stoffwechsel auf Sparflamme«. So sinkt der tägliche Kalorienumsatz im Extremfall von 1600 kcal auf nur 400 kcal ab. Dann doch lieber eine Pause. Wenn ein Spaziergang nicht drin ist, reicht auch ein Ort der Ruhe. Ein »happy place«, an den du dich physisch oder auch nur gedanklich begeben kannst.

RESILIENZ TRAINIEREN

Es ist super simpel: je stabiler unsere psychische Widerstandskraft ist, desto weniger werden uns Ereignisse aus der Bahn werfen. So einfach das klingt, so schwierig ist es, nicht an den pinken Elefanten zu denken, wenn du gerade nicht an ihn denken darfst. Doch was wäre das Leben ohne ein paar Herausforderungen, also lass uns das trainieren und das Leben nachhaltig einfacher machen. Das Wichtigste für Resilienz ist laut Daten der Stress- und Hirnforschung das regelmäßige tiefe Entspannen, das Auslösen der »Relaxation Response«, dem Entspannungsimpuls. Am besten 20–30 Minuten täglich.

UND WAS HABEN WIR DAVON?

Eine ganze Menge! Aber vor allem viel Ausschüttung von Glückshormonen. Unsere Muskeln entspannen sich, die Immunabwehr verbessert sich, wir werden gelassener, konzentrationsfähiger und lebensfreudiger. Auch der Parasympathikus wird aktiviert und damit unsere Verdauung verbessert.

OH SCHÖN, UND WIE GEHT DAS NUN?

Das darfst du entscheiden: verwende die Methode, die dir am besten liegt. Das bedeutet, du wählst eine Technik, die die größte Chance hat, gegen deinen inneren Schweinehund anzukommen und zu einer Routine zu werden. Für mich funktioniert Bewegung an der frischen Luft am besten. Meist ist es ein achtsamer Spaziergang oder eine Runde Yoga. Da freut sich auch meine Verdauung direkt mit. Du kannst dich hier natürlich ganz auf dein eigenes Bauchgefühl verlassen: Neben einem Mindful Walk wären da beispielsweise Meditation, Visualisation, autogenes Training, Muskelentspannung nach Jacobson, Auto-Hypnose, Qigong oder eine Atemtechnik.

Und danach bist du dann auch absolut bereit für einen der weltbesten Snacks, der dich mit einer weiteren Dosis Glück versorgt.

Gesunde Zucchinibrownies

Vielleicht hast du es bemerkt: Ich liebe es, Gemüse in meinen süßen Gerichten zu »verstecken«. Gerade Zucchini finde ich optimal zum Backen, da sie sehr geschmacksneutral sind und dem Ganzen eine saftige Textur verleihen. Perfekt für Brownies!

Zutaten für 12 Brownies

Backform: 20 × 20 cm

Trockene Zutaten

180 g Zucchini, gerieben
100 g Hafermehl (Haferflocken im Mixer gemahlen)
70 g gemahlene Mandeln
40 g Kakaopulver

Feuchte Zutaten (zum Mixen)

250 g weiche Datteln
250 ml Pflanzenmilch
2 TL Leinsamen
2 TL Zitronensaft oder Apfelessig
½ TL Natron
1 Prise Salz

Zubereitungszeit: 20 Minuten / Backzeit: 30 Minuten

Den Ofen auf 180 °C Umluft vorheizen.

Geriebene Zucchini, Hafermehl, Mandeln und Kakao in einer Schüssel verrühren.

Datteln, Pflanzenmilch, Leinsamen, Zitronensaft, Natron und eine Prise Salz in einem Mixer cremig pürieren. Falls du keinen Hochleistungsmixer hast, empfehle ich, die Datteln zuvor mind. 1 Stunde in der Pflanzenmilch einzuweichen (besser über Nacht). Danach lassen sie sich super leicht mixen.

Feuchte und trockene Zutaten zu einer dickflüssigen Masse verrühren. Brownie-Teig in eine mit Backpapier ausgelegte Form geben und 30 Minuten bei Ober-/Unterhitze auf 200 °C backen. Die Brownies sind fertig, wenn du einen Zahnstocher in den Teig pickst und diesen sauber herausziehen kannst.

Die Brownies nach dem Backen etwas abkühlen und aushärten lassen. Pur, mit Kokossahne oder Vanilleeis servieren. Die restlichen Brownies kannst du für 4–5 Tage im Kühlschrank aufbewahren.

Annelinas Tipp

Ganz ohne Öl und trotzdem super saftig bringen sie eine extra Portion Gemüse in deinen Alltag. Datteln bringen einen zusätzlichen Nährstoffbonus, ganz ohne raffinierten Zucker. Das Extra an Tryptophan und der leckere Geschmack machen rundum glücklich.

Saftiger Karottenkuchen

Kein Wunder, dass Karottenkuchen (Rüblikuchen) bereits von unseren Großeltern gebacken wurde. Er gehört für mich zu den unfassbar saftigen und leckeren Klassikern. Ohne Frosting hält er sich auch entspannt lange im Kühlschrank und ist sehr schnell zubereitet.

Zutaten für 12 kleine Stücke

Kuchenform

Rund: ca. 17–20 cm Durchmesser

Quadratisch: ca. 20 × 20 cm

Trockene Zutaten

250 g Dinkelmehl (1050), glutenfrei geht auch

60 g gemahlene Nüsse (z. B. Mandeln, Walnüsse, Haselnüsse)

16 g Backpulver

1 TL Zimt

1 Prise Salz

Feuchte Zutaten

160 ml frischen Orangensaft (2 Orangen)

250 g Karotten

180 g weiche Datteln

Schale von 1 Bio-Orange

40 g Kokosöl

Frosting

250 g Sojajoghurt (oder anderen)

150 g veganer Frischkäse oder 2 EL Cashewmus

Saft von ½ Zitrone

1 Prise Vanille

35 g Speisestärke (oder Vanillepuddingpulver)

1–2 EL Süße nach Wahl (z. B. 2 EL Erythrit)

Zubereitungszeit: 15 Minuten + 10 Minuten Frosting zzgl. Abkühlzeit
Backzeit: 30 Minuten

Den Backofen auf 180 °C (Umluft 160 °C) vorheizen.

In einer Schüssel die trockenen Zutaten miteinander vermengen.

2 Orangen auspressen (etwa 160 ml) und den Saft in einen Mixer gießen. Die Karotten waschen und in mittelgroße Stücke schneiden. Mit den restlichen Zutaten in den Mixer geben. Zu einer cremigen Karottenmasse vermixen, zu den trockenen Zutaten geben und mit einem Löffel zu einem dickflüssigen Teig vermengen.

Eine eckige oder auch runde Form entweder mit Backpapier auskleiden oder sehr gut ausfetten. Den Teig in die Form geben und gleichmäßig mit einem Löffel darauf verteilen. Den Kuchen im vorgeheizten Ofen für ca. 30–35 Minuten backen.

Aus dem Ofen nehmen und abkühlen lassen.

Du kannst den Kuchen mit Puderzucker bestreuen oder während des Backens das Frosting zubereiten.

Frosting

Pflanzlichen Joghurt und Frischcreme in einen Kochtopf geben. Mit dem Zitronensaft und Vanille verrühren und zum Kochen bringen.

Die Speisestärke und das Süßungsmittel in 3 EL Wasser auflösen, gut umrühren, sodass sich alle Klümpchen auflösen. Anschließend in die kochende Creme rühren. Einmal aufkochen und vom Herd nehmen. Die Creme härtet nach, weswegen ich empfehle, sie noch leicht flüssig auf dem Kuchen zu verteilen.

Dafür den Kuchen mit einem großen Küchenmesser horizontal halbieren. Eine Hälfte des Frostings gleichmäßig auf dem Boden verteilen. Die zweite Teighälfte darüberlegen und mit dem Rest des Frostings bestreichen. Optional mit Walnüssen und Karottenraspeln dekorieren. Den Kuchen für 30 Minuten kalt stellen, damit die Creme aushärten kann.

Auberginen-Schoko-Kuchen

Nachdem die meisten Gemüse bereits schon in anderen meiner süßen Gerichte vorkommen, musste ich mir natürlich etwas Neues einfallen lassen. So here we go: Aubergine it is!

Zutaten für 12 Stücke

- 370 g Auberginen
- 200 g dunkle Schokolade, grob gehackt
- 4 EL (40 g) Leinsaat
- 30 g Kakao oder Kakaopulver
- 100 g Dattelzucker
- 100 g gem. Mandeln oder Haselnüsse
- 2 TL Backpulver
- 1 Prise Meersalz

Zubereitungszeit: 30 Minuten / Backzeit: 45 Minuten

Den Ofen auf 180 °C vorheizen.

Eine runde, 20 cm große Kuchenform mit Backpapier auslegen.

In der Zwischenzeit die Auberginen waschen, mit Schale in kleinere Würfel schneiden und dämpfen, bis sie weich sind (etwa 20 Minuten). Durch ein Sieb abgießen, leicht andrücken, um überschüssiges Wasser zu entfernen und mit der gehackten Schokolade sowie Leinsamen in eine Küchenmaschine geben und pürieren, bis alles glatt ist. Die Schokolade sollte währenddessen schmelzen.

Schoko-Auberginen-Masse in eine Schüssel geben. Mit den restlichen Zutaten zu einem Teig vermengen – der Teig ist eher fest. In die vorbereitete Kuchenform füllen und ca. 45 Minuten backen oder bis ein Holzspieß, der in die Mitte des Kuchens gesteckt wird, gerade noch sauber herauskommt (wünschst du es klebriger, den Kuchen etwas früher herausnehmen).

Kuchen abkühlen lassen und pur oder mit Puderzucker, Beeren und Vanilleeis servieren.

Protein-Glückskekse

Sowohl die Bohnen als auch die Nüsse glänzen mit extra Tryptophan, die Nüsse zudem mit einer Ladung Protein. Das heißt, wir haben hier eine absolute Glücksformel. Über Schoki und Tryptophan muss ich erst gar nicht sprechen.

Zutaten für jeweils 12 Kekse

Variante 1
Erdnuss-Chocolate-Chip-Cookies

300 g weiße Bohnen, z. B. Cannellini oder Kichererbsen aus dem Glas

120 g Erdnussmus

50 g Erdnussmehl

70 ml Ahornsirup

1 TL Backpulver

1 TL Zimt

1 Prise Salz

60 g dunkle Schokolade oder Kakao- Nibs

Variante 2
Mandel-Cranberry-Tonka-Cookies

300 g weiße Bohnen, z. B. Cannellini oder Kichererbsen aus dem Glas

120 g Cashew- oder Mandelmus

50 g Mandelmehl

70 ml Ahornsirup

1 TL Backpulver

½ TL Tonkapulver oder Vanillepulver

60 g Cranberries

1 Prise Salz

Vorbereitungszeit: 10 Minuten / Backzeit: 15 Minuten

Den Backofen auf 180 °C (Umluft 160 °C) vorheizen und ein Backblech mit Backpapier auslegen.

Die weißen Bohnen abgießen und gut abspülen. Bohnen, Nussmus, Mehl, Sirup, Backpulver und Salz in eine Küchenmaschine mit S-Messeraufsatz geben. Den Teig so lange pulsen, bis du eine feste und glatte Masse hast. Falls du keinen Food-Processor hast, kannst du die Bohnen pürieren und dann die restlichen Zutaten damit vermengen.

Variante 1
¾ der Schokolade hacken und in den Teig mischen.

Variante 2
Cranberries ganz oder klein gehackt in den Teig einarbeiten.

Jeweils 1 EL des Teiges auf das Backpapier geben. Mit angefeuchteten Händen oder der Löffelrückseite zu einer runden Keksform drücken. Die Kekse breiten sich nicht aus. Falls dein Teig, je nach Zutaten, extrem klebrig sein sollte, kannst du noch etwas Nussmehl hinzugeben.

Falls du Schoki nutzt, nun die restlichen Schokoladensplitter in die Kekse drücken und nach Belieben zusätzlich mit Meersalz bestreuen.

Auf der mittleren Schiene des Ofens 13–15 Minuten backen. Die Kekse sind fertig, wenn sie leicht aufgegangen sind und der untere Rand goldgelb ist. Vorsicht: Nicht überbacken! Das Blech aus dem Ofen nehmen und die Kekse 5 Minuten lang auf dem Blech abkühlen lassen.

In einem Behälter mit einem locker sitzenden Deckel bei Raumtemperatur bis zu 4 Tage aufbewahren.

Schnelles Fruchtcrumble mit Vanillesoße

Let it flow, let it go, with a bite of berry – wow!

Zutaten für 8 Portionen

Backform: z. B. 30 × 20 cm

Obstmischung

600 g Apfel (oder andere Frucht)

2 EL Vanillepuddingpulver

50 g Rosinen, bei Rhabarber mehr

Optional: 1 EL Dattelzucker für mehr Süße

Crumble

60 g Haferflocken, zartblatt

80 g Mehl

70 g Butter/Tahin

50 g Zucker nach Wahl

1 TL Zimt

Vanillesoße

500 ml Pflanzendrink

20 g Vanillepuddingpulver

oder 20 g Stärke und ¼ TL Vanillepulver

2 EL Süße nach Wahl

Vorbereitungszeit: 10 Minuten / Backzeit: 30 Minuten

Backofen auf 180 °C Ober-/Unterhitze vorheizen.

Die Äpfel gut waschen, entkernen und in kleine Würfel schneiden. In deine Backform geben und mit dem Puddingpulver sowie den Rosinen und optional mit dem Zucker verrühren.

Zutaten für deine Streusel in eine Schüssel geben und zu einer krümeligen Masse vermengen. Die Streusel gleichmäßig auf deiner Obstmischung verteilen. Auflauf für etwa 30 Minuten backen oder bis deine Streusel leicht goldbraun sind.

Währenddessen deine Vanillesoße zubereiten:

Den Pflanzendrink (bis auf 3 EL) zum Kochen bringen. Vanillepuddingpulver in einer kleinen Schale mit deinem Süßungsmittel und den restlichen 3 EL Pflanzendrink gut verrühren, bis sich alles zu einer homogenen Masse verbindet. Sobald deine Milch kocht, Vanillepuddingmischung in die Milch rühren, erneut aufkochen lassen und vom Herd nehmen. Warm oder kalt mit deinem Fruchtauflauf servieren.

Annelinas Tipp

Get Creative: Deiner Obstmischung sind keine Grenzen gesetzt. Tob dich hier gerne mit verschiedenen Obstsorten aus. Ersetze z. B. einfach 600 g Äpfel mit 600 g Beeren nach Wahl!

Schneller Beerenkuchen

Ich mache diesen Kuchen meistens mit Himbeeren. Wenn sie gerade Saison haben, nehme ich frische, ansonsten welche aus der Tiefkühltruhe.

Zutaten für etwa 10 Stücke

Form: runde Springform oder eckige Auflaufform (30 × 20 cm)

180 g weiche Datteln, 4 Medjool (oder 6 EL Ahornsirup)
100 g Buchweizenmehl oder Dinkelmehl
100 g Hafermehl
80 g gem. Mandeln
60 ml Kokosöl
260 ml Mineralwasser
Saft und Schale von ½ Bio-Zitrone
200 g Beeren, TK oder frisch
1 Prise Salz
½ TL Natron

Vorbereitungszeit: 15 Minuten / Backzeit: 35 Minuten

Die Datteln mit 60 ml Mineralwasser zu Mus mixen.

Alle trockenen Zutaten sowie die Zitronenschale in einer Schüssel vermengen. Den Rest vom Mineralwasser und die anderen flüssigen Zutaten dazugeben und nur kurz zu einem Teig verrühren. Hierfür keinen Mixer verwenden, damit der Teig locker bleibt.

Deine Kuchenform mit Backpapier auskleiden. Den Teig in die Form geben und glatt streichen. Die Beeren darauf verteilen und etwas eindrücken. Bei 180 °C 35 Minuten im Backofen backen. Anschließend kurz abkühlen lassen und pur oder mit Vanilleeis oder heißen Himbeeren servieren.

Gesunder, einfacher Zupfkuchen

Zupfkuchen ist ein Quarkkuchen mit Schokostreuseln. Vielen ist er auch als »Russischer Zupfkuchen« bekannt. Das Spannende: In Russland kennt man den Kuchen überhaupt nicht.

Zutaten für 12 Stücke

Springform: ca. 24 cm Ø

Für den Teig

200 g Dinkelmehl 1050
(oder glutenfreies wie Teffmehl)

100 g gem. Mandeln

40 g Kakaopulver

1 Prise Salz

200 g Datteln

1 EL Kokosöl

Für die Käsekuchen-Schicht

800 g pflanzliche Quarkalternative

1 EL Kokosöl

2 Pck. Vanillepuddingpulver

150 g Zucker (z. B. Dattelzucker oder Erythrit)

Zubereitungszeit: 15 Minuten / Backzeit: 55 Minuten

Den Backofen auf 180 °C (Umluft 160 °C) vorheizen. Den Boden der Backform mit Backpapier auslegen.

In einer Schüssel Mehl, Mandeln, Kakaopulver und eine Prise Salz vermengen.

Die Datteln entkernen, in eine Schüssel geben und mit 120 ml heißem Wasser übergießen und das Kokosöl hinzugeben. Der Boden funktioniert auch ohne, jedoch macht das Öl ihn knuspriger. Anschließend in einem Mixer zu einer Dattelcreme pürieren.

Die Dattelcreme mit den trockenen Zutaten zu einem glatten Teig verarbeiten. Er ist etwas klebrig, wenn er aber zu feucht ist, einfach 1 EL Mehl dazugeben. Wenn er zu trocken ist, ½ EL Wasser oder optional Kokosöl dazugeben. Ein Viertel des Teiges abtrennen und beiseite stellen. Den übrigen Teig auf einem Backpapier dünn (etwas größer als die Form) ausrollen. Teig auf dem Backpapier in die Springform legen und am Rand hochdrücken. Wenn du deine Form gut einfettest und mit Grieß bestäubst, funktioniert es auch ohne Backpapier.

Währenddessen Zutaten für die Quarkcreme in einen Mixer geben und zu einer glatten Creme verarbeiten. Quarkfüllung auf dem Kuchen verstreichen.

Den restlichen Teig in Stücke zupfen, flach drücken und darauf verteilen.

Den Kuchen auf der zweiten Schiene von unten ca. 55 Minuten backen. Aus dem Ofen nehmen und in der Form auskühlen lassen. Nach Belieben mit pflanzlicher Sahne servieren.

Schönheitstipp

Für einen stärkeren Braun-Weiß-Kontrast empfehle ich, einen hellen Zucker zu verwenden.

Johannisbeerkuchen mit Quark und Streuseln

Dieser Kuchen funktioniert mit schwarzen und roten Johannisbeeren, oder auch mit TK-Beeren.

Zutaten

Runde Kuchenform: ca. 24 cm Ø

Boden und Streusel

150 g Rosinen + 100 ml heißes Wasser

220 g Dinkelmehl (oder glutenfreies Hafermehl)

150 g gem. Nüsse

1 Prise Salz

Füllung

250 g Sojaquark

Abrieb von ½ Bio Zitrone

90 g Zucker (z. B. Dattelzucker)

1 Pck. Vanillepuddingpulver

450 g (rote) Johannisbeeren, TK

Streusel

¼ des Teiges

Oder für mehr Streusel

20 g pflanzliches Fett

1 EL Zucker

2 EL Mehl

Zubereitungszeit: 20 Minuten + ggf. 30 Minuten Einweichzeit
Backzeit: 40 Minuten

Backofen auf 180 °C (Umluft 160 °C) vorheizen.

Für den Teig die Rosinen mit heißem Wasser übergießen und etwa 30 Minuten stehen lassen, damit du sie besser pürieren kannst. Besitzt du einen guten Mixer, kannst du dir das Einweichen sparen. Anschließend zu einem Rosinenbrei vermixen.

In einer Schüssel mit Mehl und gemahlenen Nüssen zu einem Teig verkneten. Ein Viertel des Teiges beiseite stellen und für die Streusel aufbewahren. Den Teig mit leicht feuchten Fingern entweder in eine Silikonform oder eine andere gefettete Form drücken. Die Ränder bis zu 2 cm hochziehen.

Für die Quarkfüllung die Quarkalternative mit der Hälfte des Zuckers, Abrieb von ½ Bio Zitrone und ½ Packung Puddingpulver verrühren, sodass keine Klümpchen mehr enthalten sind. Quarkcreme gleichmäßig auf deinem Teig verteilen.

Nun deine Beerchen zubereiten und mit dem restlichen Zucker sowie Puddingpulver vermischen. Abschmecken und wenn nötig nachzuckern. Johannisbeeren sind unterschiedlich sauer und Geschmäcker verschieden. Ebenmäßig auf deiner Quarkcreme verteilen.

Den restlichen Teig in Streusel krümeln und auf dem Kuchen verteilen. Für mehr Streusel etwas Mehl, Kokosfett oder vegane Butter sowie Zucker dazugeben.

Den Kuchen etwa 40 Minuten auf der zweiten Schiene von unten backen. Der Kuchen ist fertig, wenn die Ränder leicht braun werden und der Kuchen hart. Beim Abkühlen härtet er noch etwas nach.

Aus dem Ofen nehmen und vollständig auskühlen lassen. Dann lässt er sich leicht auf eine Servierplatte heben. Der Kuchen schmeckt pur oder mit pflanzlicher Sahne sowie Vanilleeis besonders gut.

Blumenkohlmilchreis

Dieser Milchreis ist low-carb und etwas für den kleinen Hunger. Er bringt eine Menge Volumen, Ballaststoffe und Mikronährstoffe in deinen Darm und jede Menge Protein in deine Muskeln.

Zutaten für 1–2 Portionen

500 g Blumenkohl (oder fertigen TK-Blumenkohlreis)

500 ml Pflanzenmilch

1 Pck. Vanillepuddingpulver (oder 35 g Stärke + Vanille)

30 g Proteinpulver mit Vanillegeschmack

Mögliche Toppings

Beeren, Apfelmus, Nussmus

Optional Süßungsmittel nach Wahl

Zubereitungszeit: 15 Minuten (bei TK-Blumenkohlreis: 10 Minuten)

Den Blumenkohl waschen, von Blättern und Strunk befreien und mithilfe einer Küchenmaschine auf Reiskorngröße zerkleinern. Darauf achten, dass die Küchenmaschine maximal zu ⅓ gefüllt wird.

Den Blumenkohl mit der Pflanzenmilch (bis auf 2 EL) in einem Kochtopf etwa 30 Minuten kochen, bis er sehr weich ist.

Den Rest Pflanzenmilch mit dem Pudding- oder Stärkepulver verrühren. In den kochenden Blumenkohlreis gießen, einmal aufkochen und vom Herd nehmen. Das Proteinpulver dazurühren und abkühlen lassen.

Abschmecken und je nach Geschmack noch Süßungsmittel dazugeben.

Jetzt geht's der Milch an den Kragen: Ein entscheidender Teil dieses Gerichts ist die Pflanzenmilch. Ich persönlich nutze am liebsten Erbsenmilch. Die ist super cremig und schmeckt mir persönlich am besten. Dazu bringt sie noch ein tolles Nährstoffplus. Du darfst hier ganz nach deinem aktuellen Bedürfnis gehen. Reismilch bringt etwas mehr Milchreis-Geschmack sowie Süße mit in den Brei. Hafermilch bringt ebenfalls Süße, Kokosmilch etwas mehr Fett und Soja- oder Erbsenmilch Proteine.

Mittlerweile gibt es auch Blumenkohlreis zu kaufen. Dann hast du dieses Rezept in 10 Minuten zubereitet, da dieser super schnell gekocht ist.

Tiramisu für die schnelle Küche

Es ist und bleibt meine Lieblingszutat: der Seidentofu. Ob als Ei- oder Sahne-Ersatz, süß oder salzig, in Kuchen oder Soßen, er kann's halt, all das und noch mehr, denn er zaubert noch Protein her.

Zutaten für 8 Portionen

1 eckige Auflaufform (ca. 15 × 20 × 5 cm)

Für den Kaffee

350 ml starker Kaffee (optional Lupinenkaffee, Malzkaffee oder Getreidekaffee)

50 ml Amaretto oder Ahornsirup (mit Mandelaroma)

14 Scheiben Zwieback

Für die Creme

400 g Seidentofu oder ungesüßte Quarkalternative

120 g Cashewkerne, 2 Stunden in Wasser eingeweicht (oder 10 Minuten in kochendem Wasser)

70 g Dattelzucker (oder anderer)

1 TL Vanille, gemahlen

1 Prise Salz

14 Scheiben Vollkornzwieback (oder glutenfreier Zwieback)

1 EL Kakao zum Bestäuben

Zubereitungszeit: 15 Minuten + 2 Stunden Einweichzeit

Den Kaffee aufbrühen und in eine flache Auflaufform geben, mit dem Amaretto vermischen.

7 Scheiben Zwieback nach und nach für circa. 1 Minute in die Kaffeemischung legen und voll saugen lassen. Anschließend die Auflaufform mit dem Zwieback belegen. Ggf. noch weiteren Kaffee darüberträufeln.

In der Zwischenzeit deine eingeweichten Cashewkerne in einem Sieb gut abspülen und beiseite stellen.

Dattelzucker in einem Mixer zu feinem Zuckerstaub pulsen. Mit den restlichen Zutaten der Creme geschmeidig pürieren.

Die Creme zur Hälfte auf dem Zwieback verteilen. Anschließend 7 weitere Zwiebackscheiben in dem restlichen Kaffee einweichen und ebenfalls auf deine Creme schichten. Ggf. zerbrechen, um Lücken zu füllen. Falls du Kaffee übrig hast, diesen noch über den Zwieback träufeln. Restliche Creme gleichmäßig auf der Zwiebackschicht verteilen, glatt streichen und mit Kakao besieben. Dein Tiramisu für mindestens 2 Stunden im Kühlschrank kalt stellen.

Apfelrührkuchen-Blitzrezept

Super fix gerührt, einigermaßen schnell gebacken und besonders schnell gegessen. So war das zumindest bei uns früher mit diesem Apfelrührkuchen.

Zutaten für 10 Portionen

Backform: 25 × 25 cm
oder eine Auflaufform 12 × 23 cm

200 g gem. Mandeln
80 g Mehl (z. B. Hafermehl)
100 g Zucker (z. B. Dattelzucker)
3 TL Backpulver
1 TL Zimt
1 Prise Salz
100 ml Sprudel
160 g Apfelmark
2 Äpfel (medium)
Saft von 1 Zitrone

Garnitur

1 EL Dattelzucker
+ Apfelscheiben

Zubereitungszeit: 15 Minuten / Backzeit: 30 Minuten

Den Backofen auf 180 °C (Umluft 160 °C) vorheizen.

In einer Schüssel die trockenen Zutaten miteinander vermengen. Den Sprudel hinzugeben, mit einem Rührbesen verrühren und das Apfelmark dazumischen.

Die Äpfel halbieren, ½ Apfel beiseite legen. Die anderen Hälften in Würfel schneiden.

Die Zitrone auspressen und 1 TL in den Teig geben. Die Apfelwürfel ebenfalls in den Teig rühren.

Eine Kuchenform mit Backpapier belegen oder gut einfetten und den Teig in die Form geben, gleichmäßig verstreichen. Den halben Apfel vierteln, entkernen und in feine Scheiben schneiden. Die Scheiben auf den Kuchen schichten, sodass er vollständig bedeckt ist. Mit dem Rest deines Zitronensaftes bestreichen und 1 EL Dattelzucker darübersprenkeln.

Den Kuchen auf der zweituntersten Schiene für ca. 30 Minuten backen.

Ich esse den Kuchen am liebsten warm mit Vanilleeis.

Annelinas Tipp

Durch die Mandeln ist der Kuchen auch ohne Öl super saftig und funktioniert auch genauso gut mit Birnen oder anderem Obst. Es ist sogar möglich, das Obst wegzulassen und einen Nusskuchen daraus zu machen.

Weltbestes und gesündestes Bananenbrot

Auch wenn ich schon so viele verschiedene tolle Bananenbrot-Rezepte habe, kann dieses Buch nicht ohne eins bleiben. Spätestens während des Lockdowns hat so gut wie jede:r Bananenbrot lieben und backen gelernt.

Zutaten für 8 Stücke

400 g sehr reife Bananen + 1 weitere
1 kl. Apfel
120 g Haferflocken für Hafermehl
120 g gem. Mandeln (oder Haselnüsse)
1 TL Backpulver
1 TL Apfelessig
1 Prise Salz
1 TL Zimt

Optional: 20 g Dattelzucker

Zubereitungszeit: 15 Minuten / Backzeit: 50 Minuten

Backofen auf 200 °C (180 °C Umluft) vorheizen und Eine Kastenform (für 450 g, ca. 20 × 10 cm groß) mit Backpapier auslegen oder gut einfetten.

Bananen schälen und – bis auf die extra Banane – in einer großen Schale mit einer Gabel zu einem Püree zerdrücken.

Apfel waschen und dazureiben. Haferflocken in einem Mixer zu Mehl vermahlen. Mit den Nüssen in dein Obstpüree geben und gut verrühren.

Die restlichen Zutaten hinzugeben und zu einem Teig vermengen. Wenn deine Bananen sehr süß sind, brauchst du keinen zusätzlichen Zucker. Du kannst den Teig nun auch abschmecken und entscheiden, ob er dir süß genug ist.

Die extra Banane der Länge nach halbieren. Die eine Hälfte in Halbkreise schneiden und unter den Teig mischen. Den Teig gleichmäßig in die Kastenform streichen. Die andere Hälfte der Banane nochmals der Länge nach halbieren und dein Bananenbrot dekorieren.

Den Teig für 50 Minuten backen. Anschließend mit einem Zahnstocher in den Teig stechen und herausziehen. Das Brot ist fertig, wenn nichts daran kleben bleibt. Ansonsten erneut 5 Minuten weiterbacken.

Sobald es fertig ist, aus dem Ofen nehmen, etwas abkühlen lassen und aus der Form stürzen. In Scheiben schneiden und warm oder kalt servieren. Den Rest kannst du bis zu 5 Tage in einem verschlossenen Behälter im Kühlschrank aufbewahren.

Tob dich aus:

- Für mehr Crunch sorgen zusätzliche Nüsse oder Kakao-Nibs im Teig.
- Für mehr Flavour punkten Zimt, Vanille, Kardamom oder Chai.
- Für mehr Fruchtgeschmack eignen sich Beeren oder frische Feigen.

Kichererbsen-Nuss-Eis

Kichererbsen in Eis? Jap, das muss so sein, das macht sich proteintastisch! Und natürlich brauchen wir die Kichererbsen auch für die extra Dosis Glück im Bauch.

Zutaten für 7 Stieleis

150 g Kichererbsen aus dem Glas
200 ml Pflanzenmilch (ich nutze Erbsenmilch)
70 g (Hasel-)Nussmus
1 TL Macapulver oder Zimt
90 g Dattelzucker (oder Kokoszucker)
2 EL Kakao-Nibs

Zubereitungszeit: 10 Minuten + Einfrieren

Den Sud der Kichererbsen abseihen und die Kichererbsen gut waschen.

Die Milch mit dem Nussmus und den restlichen Zutaten im Mixer cremig pürieren.

Die Masse in 7 Stileisbehälter füllen und über Nacht einfrieren.

Wenn du keine Stieleisformen besitzt, kannst du das Eis auch in eine mit Backpapier belegte Auflaufform füllen und einfrieren oder direkt in kleine verschließbare Gläschen. Damit du das Eis dann gut servieren kannst, muss es etwas antauen.

Leichter Cheesecake mit oder ohne Boden

Käsekuchen ist mein absoluter Lieblingskuchen und deswegen habe ich für dieses Buch natürlich nochmal versucht, meine bisherigen Rezepte zu übertrumpfen.

Zutaten für 8 Stücke

Springform: 18 cm Ø

200 g Sojajoghurt
60 g helles Nussmus
350 g Naturtofu
1 Bio-Zitrone
1 Pck. Vanillepuddingpulver (oder 40 g Stärkemehl + Vanille)
110 g heller (Dattel-)Zucker
150 g Himbeeren (TK)

Option mit Boden

110 g Haferflocken für Hafermehl
70 g Nussmus oder Margarine
1 EL Dattelzucker
1 Prise Salz

Für mehr Kuchen die anderthalbfache oder doppelte Menge nehmen. Die Backzeit verändert sich nicht.

Zubereitungszeit: 10 Minuten / Backzeit: 45 Minuten

Den Backofen auf 160 °C Umluft vorheizen.

Sojajoghurt und Sesammus in einen Mixer geben. Den Tofu klein schneiden und ebenfalls dazugeben. Zitrone waschen und die Schale der halben Zitrone in den Mixer reiben. Anschließend auspressen und den Saft (ca. 30 ml) hinzugießen. Die restlichen Zutaten bis auf die Beeren dazugeben und zu einer cremigen Masse pürieren.

Wenn dein Naturtofu sehr hart sein sollte, eventuell einen Schuss Pflanzenmilch dazugeben.

Eine kleine Springform gut ausfetten und ggf. anschließend mit Mehl oder Grieß ausstäuben. Das überschüssige Mehl aus der Form rausklopfen. Die Cheesecake-Creme in die Form gießen. Die Beeren rein drücken und glatt streichen, sodass sie nicht herausschauen.

Den Kuchen auf der untersten Schiene für 45 Minuten backen. Aus dem Ofen nehmen, auskühlen lassen und anschließend in den Kühlschrank stellen.

Kalt mit weiteren Beeren verziert genießen.

Für die Option mit Boden: Die Haferflocken in einem Mixer zu Mehl mahlen. Mit den restlichen Zutaten in einer Schüssel zu einem dicken Teig verkneten und in eine gefettete Kuchenform drücken. Den Rand nach Wunsch hochziehen. Die Füllung auf den Boden gießen, Beeren unterrühren und wie oben fortfahren.

Annelinas Tipp

Nussmus: Willst du seine helle Cheesecake-Schönheit bewahren, funktioniert nur ein helles. Für den schlanken Geldbeutel empfehle ich Erdnussmus oder Tahin. Wenn du Tahin nutzt, sollte es ein sehr helles, weniger bitteres sein. Cashewmus und Mandelmus sind am neutralsten, jedoch auch die teuersten Varianten.

Aprikosenknödel mit Semmelbrösel

Wow, wenn Mama das gemacht hat, war die Freude immer riesig! Aprikosen- oder Zwetschgenknödel: Ein wahres Festessen für uns. Das wollte ich dann natürlich ganz schnell veganisieren. Und was soll ich sagen, es ist knödeltastisch!

Zutaten für 8–10 Knödel

8–10 Aprikosen oder Zwetschgen
500 g Kartoffeln, weich gekocht
100 g (Vollkorn-)Haferflocken für Hafermehl
30 g Margarine, zimmerwarm
1 Prise Salz

Semmelbrösel

100 Margarine
2–3 EL Maisbrösel oder Semmelbrösel

Zimt und (Dattel-)Zucker zum Servieren

Zubereitungszeit: 45 Minuten

Die Aprikosen entsteinen, am besten ohne sie zu komplett durchzuschneiden (so lassen sie sich besser formen).

Die Kartoffeln schälen und mit einem Kartoffelstampfer zu Brei zerdrücken.

In der Zwischenzeit die Haferflocken in einen Mixbehälter geben und auf niedriger Geschwindigkeit zu feinem Mehl pulsieren. Optional kannst du auch Dinkelmehl oder ein anderes verwenden.

Mehl, Butter, Salz und Kartoffelstampf in einer Schüssel zu einem Teig kneten. Weniger ist hier mehr: Der Teig bleibt so schön fluffig.

Mittlerweile in einem sehr großen Topf Salzwasser zum Kochen bringen. Sobald es kocht, die Temperatur runter stellen und sieden lassen.

Den Teig in 8–10 Portionen teilen (je nach Obstgröße). 1 Portion nehmen, in der Hand flachdrücken und die Aprikosen damit ummanteln.

Die Aprikosenknödel in siedendem (nicht kochendem) Wasser garen. Sie sind fertig, sobald sie an die Oberfläche steigen (ca. 10 Minuten).

In der Zwischenzeit die Margarine in einer kleinen Pfanne schmelzen und die Semmelbrösel darin unter ständigem Rühren leicht rösten.

Die Knödel abtropfen lassen und heiß mit den Semmelbröseln, Zucker und Zimt servieren.

Happy Evening

Dein perfekter Abschluss

Schlaf – dein Booster fürs Glücksgefühl

Die Grundlage eines aktiven Lebens ist ein erholsamer Schlaf. Damit bekommen wir die Löwenenergie, die wir für unseren Alltag benötigen.

Es gibt kein größeres Wohlgefühl, als sich abends nach einem langen Tag glücklich und zufrieden ins Bett zu kuscheln. Und genau darum kümmern wir uns jetzt, um dieses Glücksgefühl.

Unser L-Tryptophan ist nicht nur ein wichtiger Baustein für die Bildung des Glückshormons Serotonin, sondern ebenso an der Bildung des Schlafhormons Melatonin beteiligt. Ist zu wenig L-Tryptophan vorhanden, kann es zu Schlafstörungen kommen. Versorgen wir uns ausreichend mit der Aminosäure, unterstützt uns das dabei, schneller einzuschlafen, länger zu schlafen und seltener aufzuwachen.

Natürlich ist Ernährung nicht alles – sonst würde ich wahrscheinlich immer schlafen wie ein Baby! Manche sind einfach von Natur aus solche Schlummer-Pros, wie ich es hauptsächlich bin, wenn ich auf folgende Dinge besonders achtgebe:

WIE SCHLUMMERE ICH WIE EIN BABY?

Einschlafrituale sind für mich wie eine gute Ernährung. Ohne sie geht es auch irgendwie, aber auf Dauer zahlen sie sich aus. Diese Rituale sind ein absolutes Wundermittel. Das kann ein Abendspaziergang sein, ein Hörbuch, eine Meditation oder eine Runde Yin Yoga.

Mit einem Buch oder Spaziergang stoppst du dein abendliches Kopfkino. Auch angenehme Düfte wie Lavendel oder ein heißes Reishi-Ashwagandha-Schokoladen-Getränk sind hilfreich. Ein dunkles, schlicht eingerichtetes, kühles Schlafzimmer sorgt für eine perfekte und reizarme Schlafstimmung.

WIE LANGE SOLL ICH SCHLUMMERN?

Wieviel Schlaf wir brauchen, ist sehr individuell. Ich bin ein sehr energiegeladener Flummi und brauche nicht allzu viel Erholung. Am einfachsten kommen wir unserem perfekten Schlafrhythmus und der richtigen Schlafzeit auf die Schliche, wenn wir uns ein paar Tage ohne Wecker gönnen. Wichtig dabei ist auch, ins Bett zu gehen, sobald wir müde sind. Damit wir müde werden, ist eine Schlafroutine wie oben beschrieben förderlich. Diese sollte dann vielleicht nicht gerade um Mitternacht starten. Am besten ist immer zur gleichen Uhrzeit ins Bett gehen, etwa zwischen 21 und 23 Uhr, um zur gleichen Zeit aufzuwachen. Zu Beginn braucht unser Körper wahrscheinlich 1 oder 2 Stunden mehr Zeit, um sich einzupendeln. Doch dann passiert die Magie und wir wachen zur gleichen Zeit auf. Wann das ist, hängt ganz von unserer eigenen, persönlich benötigten Schlafdauer ab.

Mit diesen Rezepten sind wir definitiv auf der Stimmungsplus-Seite.

WAS IST DAS PERFEKTE SCHLUMMER-LICHT?

Richtig grelles blaues Licht, ein großer Bildschirm, der flackert und ein Handy, das leuchtet – ja, das liebt der Wachmodus sehr. Der Schlafmodus wird durch das Hormon Melatonin angeregt. Je höher die Blauanteile im Licht abends sind, desto mehr unterdrücken wir die Melatonin-Bildung.

Cool, dann gehören Tablet, Smartphone und Co. nicht ins Schlafzimmer. Ist ja auch toll, abends dem Kopf mal eine Pause zu gönnen. Falls das nicht geht, kann auch eine Nerdi-Blaufilterbrille sowie der Nachtfiltermodus das Blaulicht filtern. Dann können wir auch noch unsere Netflix-Serie mit etwas besserem Gewissen schauen. Wenn wir tagsüber lange am Rechner sitzen, macht es Sinn schon früher eine Blauchlichtbrille zu tragen. Neueste Studien zeigen, dass der Anteil des Blaulichts, dem wir uns bereits tagsüber aussetzen, viel größer ist als der Anteil, den wir abends noch abhalten können.

WANN ESSE ICH, DAMIT ICH GUT SCHLUMMERE?

Ehrlich gesagt liebe ich die warmen Sommernächte dafür, dass man abends noch draußen mit Freunden essen kann. Wer das nicht liebt, sind meine Verdauungsorgane.

Diese werden durch späte Mahlzeiten richtig auf Hochtouren gebracht. Vor allem Rohkost, scharfe und fetthaltige Speisen können bei vielen den Schlaf beeinträchtigen. Es kommt hier sehr darauf an, was wir gewöhnt sind. Für die Einen ist es beruhigend mit vollem Magen ins Bett zu gehen, ist für die Anderen absolut unvorstellbar. Für den Großteil ist eine letzte Hauptmahlzeit 2–3 Stunden vor dem Schlafengehen sinnvoll. Besonders wenn diese aus leicht verdaulichen Lebensmitteln wie langkettigen Kohlenhydraten, fettarmen Gerichten und gekochtem Gemüse besteht. Entgegen des Mythos, dass wir abends keine Kohlenhydrate essen sollten, sind diese für unsere Melatonin-Bildung sogar sehr förderlich!

KANN ICH AUCH NACHSCHLUMMERN?

Das mit dem Nachschlummern ist so eine Sache. Es hört sich ganz vernünftig an, ist es jedoch weniger. Kompletter Unsinn ist es aber nicht. Wenn wir wieder einmal spät ins Bett kommen, früh aufstehen und dann innerhalb der nächsten 48 Stunden den Schlaf nachholen, klappt das sogar. Was unserem Schlafrhythmus jedoch gar nicht gefällt, ist mehrere kurze Nächte hintereinander mit ein paar langen zu kompensieren. Laut einigen Studien, die die Gehirnleistung in den Intervallen zwischen fünf kurzen und zwei langen Nächten untersuchten, verringerte sich die Gehirnleistung nach jeder kurzen Nacht. Und es blieb auch nach einem Wochenende mit zwei langen Nächte bei der eingeschränkten Gehirnleistung.

Wenn das jetzt so klingt, als ob snoozen was wunderbares ist, muss ich dich enttäuschen: Das »Nochmal-Umdrehen« ist für unseren chronobiologischen Rhythmus eine echte Tortur. Schlafmediziner sind sich einig, dass das Aus-dem-Schlaf-Reißen kräfteraubender ist, als sofort aufzustehen.

Daraus lernen wir: Schlaf nachholen geht nur sofort und sollte innerhalb 48 Stunden, besser in der Folgenacht passieren. Auf das Snoozen verzichten wir am besten und bereiten unserem Organismus einen Gefallen, indem wir uns an die Aufstehzeit halten.

Glutenfreie Gnocchi mit Salbei

Gnocchi sind eine sichere Sache. Ich kenne niemanden, der sie nicht mag. Und falls ich jemanden kennen lernen sollte, werde ich ihm diese Gnocchi hier vorsetzen und ihn umstimmen.

Zutaten für 2–3 Portionen

Für die Gnocchi

500 g mehligkochende Kartoffeln
Salz
200 g Haferflocken für Hafermehl (oder anderes Mehl)
1–2 EL Olivenöl
4 Salbeiblätter, fein gehackt

Optionale Toppings

Frisch gemahlener Pfeffer, veganer Parmesankäse

Zubereitungszeit: 45 Minuten

Für die Gnocchi die Kartoffeln waschen, in einen Topf geben und mit Wasser bedecken. Salzen und zugedeckt bei mittlerer Hitze 25–30 Minuten gar kochen.

Die Haferflocken in einem Mixer zu feinem Mehl mahlen.

Sobald die Kartoffeln gar sind, abgießen, ausdampfen lassen und noch heiß schälen. Mit einem Kartoffelstampfer klein stampfen, leicht salzen und nach und nach Mehl unterkneten, bis ein zarter Teig entsteht. Weniger ist hier mehr, damit der Teig nicht zäh wird.

Den Teig vierteln und mit bemehlten Händen zu 3 cm dicken Rollen formen. Diese in etwa 1,7 cm dicke Stücke schneiden und mit der Gabel leicht eindrücken. So entsteht die Gnocchi-Form. Auf ein bemehltes Brett geben.

In einer Pfanne das Öl erhitzen und die Gnocchi mit jeweils etwas von dem gehackten Salbei von beiden Seiten goldbraun anbraten. Mit Salz und Pfeffer sowie optional mit veganem Parmesan abschmecken.

Annelinas Tipp

Durch das Hafermehl sind sie sogar für Gluten-Sensible ein wahrer Kartoffeltraum.

Lasagne für dein perfektes Date

Lasagne rockt definitiv jedes Date. Diese hier ist im besten Sinne sehr skillfrei! Du brauchst nicht viel mehr als die Zutaten und ein Date. Du kannst ein Date mit dir selbst haben, deiner Familie, guten Freunden oder jemand ganz anderem.

Zutaten für 4–5 Portionen

Bechamel

100 g Cashews (eingeweicht)
200 ml Gemüsebrühe
2 EL Hefeflocken
Muskat

Bolognese

2 Zwiebeln
2 TL Olivenöl
800 g Tomatensoße mit Stücken
250 g geräucherter Tofu
1 EL Thymian oder italienische Kräuter
2 EL Sojasoße
1 EL süße Balsamico-Creme
Salz und Pfeffer

Gemüse

2 Zucchini
2 Paprika

6–8 Lasagneblätter
(z. B. aus Hartweizengrieß oder Hülsenfrüchten

Zubereitungszeit: 35 Minuten / Kochzeit: 45 Minuten

Die Cashews in heißem Wasser für mind. 30 Minuten einweichen.

In der Zwischenzeit die Zwiebel klein schneiden und in einer Pfanne in Olivenöl glasig dünsten. Die Tomatensoße dazugeben, Räuchertofu hineinbröseln, mit Gewürzen verfeinern und für 8 Minuten köcheln lassen. Sojasoße sowie Balsamico-Creme dazugeben und mit Salz und Pfeffer abschmecken.

In der Zwischenzeit die Zucchini in feine Scheiben und die Paprika in Ringe schneiden.

Die Cashews mit den Hefeflocken und der Gemüsebrühe in einen Mixer geben und cremig mixen oder mit einem Zauberstab pürieren.

Zum Schichten den Boden der Lasagneform zunächst mit einer dünnen Schicht Bolognese bedecken. Darauf eine Schicht Lasagneplatten legen. Über die Nudeln eine Schicht Bolognese und Gemüse geben. Anschließend die Cashewsoße und eine weitere Nudelschicht. Wieder eine Schicht Soße, Gemüse, Soße und noch eine Schicht Nudeln. Die Nudeln sollten von beiden Seiten mit Soße umgeben sein. Diesen Vorgang wiederholen, bis alles aufgebraucht ist. Ich habe mit der Bolognese abgeschlossen und noch selbstgemachten veganen Mozzarella (siehe Seite 171) darübergegeben.

Im auf 200 °C Ober-/Unterhitze vorgeheizten Ofen ca. 40–45 Minuten überbacken.

All-in-one-pot-Pilzpasta Stroganoff

Das Haut-Cuisine-Rezept des russischen Gerichts Stroganoff habe ich nur vom Rinderfilet, Sauerrahm, Butterschmalz und Wein befreit. Aber keine Bange, es schmeckt trotzdem zart, rauchig und buttrig.

Zutaten für 2–3 Portionen

2 Zehen Knoblauch
1 Zwiebel
300 g Pilze
900 ml Gemüsebrühe
1 geh. EL Senf (25 g)
250 g Rote-Linsen-Spirelli
70 g Cashewmus
2 EL Hefeflocken
¼ TL flüssiger Rauch oder Rauchsalz
3 Stängel Petersilie

Zubereitungszeit: 20 Minuten

Knoblauch und Zwiebel schälen und fein hacken. In einen großen Topf oder in eine große Pfanne geben und bei mittlerer Hitze 3–5 Minuten in Öl oder Apfelessig andünsten.

Währenddessen die Pilze in Scheiben schneiden, anschließend dazugeben. Für 3 Minuten andünsten und bei Bedarf etwas von der Gemüsebrühe dazugeben.

Die restliche Gemüsebrühe, den Senf und die Linsenpasta dazugeben. Zum Kochen bringen und bei mittlerer Hitze gemäß Packungsanleitung kochen. Meistens brauchen Linsennudeln 6–7 Minuten. Damit deine Pasta Pasta bleibt, hier exakt auf die Zeit achten. Ich stelle mir gerne einen Timer. Gelegentlich rühren damit nichts am Topfboden anklebt.

Anschließend die Pasta vom Herd nehmen, Cashewmus und Hefeflocken unterrühren, bis alles gut vermengt ist. Mit Pfeffer und Flüssigrauch oder Rauchsalz abschmecken und mit frischer, gehackter Petersilie servieren.

Reste in einem luftdicht verschlossenen Behälter im Kühlschrank bis zu einer Woche aufbewahren.

Bibimbap Bowl

Bibimbap ohne Rind und ohne Ei? Ja nee, is klar!
Versprochen, das geht echt klar und bringt Klarheit in deine Verdauung. Dein Bauchgefühl freut sich darüber.

Zutaten für 2 Portionen

100 g Naturreis
400 g Shiitake-Pilze oder Champignons
1 Karotte
1 kl. Brokkoli
½ Gurke (oder 1 kl. Zucchini)
6 Frühlingszwiebeln
2 Knoblauchzehen
50 ml Kokos-Aminos-Soße (oder 35 ml Sojasoße und 15 ml Ahornsirup)
3–4 TL Sambal Oelek
200 g Räuchertofu, klein würfeln
150 g Mungobohnensprossen
100 g Babyspinat

Optional: Kimchi, Sesam, Limette

Zubereitungszeit: 20 Minuten

Reis gut waschen und in der doppelten Menge Wasser gar kochen.

Pilze vierteln, Karotte in Streifen schneiden, Brokkoli in feine Röschen teilen und Gurke in Scheiben schneiden oder spiralisieren. Die Frühlingszwiebeln in Ringe und den Knoblauch klein schneiden.

Für das originale Bibimbap-Erlebnis Pilze, Karotte und Brokkoli jeweils extra in einer Pfanne anbraten.

Für die Soße Knoblauch sowie Kokos-Aminos-Soße und Sambal Oelek verrühren und in einer Pfanne aufkochen. Anschließend die Frühlingszwiebeln und den Tofu dazugeben. Etwa 6 Minuten köcheln und am Ende den Spinat sowie Mungobohnensprossen für 2–3 Minuten mitgaren.

Reis in eine Schale geben, das Gemüse und die Gurke daneben drapieren und mit der Soße und dem Tofu servieren. Nach Belieben mit Kimchi, frischer Limette und Sesam servieren.

Schüttelpizza

Die klassische Italienerin macht einen Pizzaboden und einen Belag. Der zeitarme James Bond einen Drink und eine Abkürzung. Wofür auch immer du dich entscheidest, diese Pizza schmeckt sowohl geschüttelt als auch gerührt.

Zutaten für 2 Portionen

100 g Blattspinat
4 Rispentomaten
4 Pilze
6 getrocknete Tomaten
200 g Dinkelmehl
110 ml lauwarmes Wasser
½ Pck. Backhefe
1 EL Olivenöl

Optionale Toppings

Veganer Streukäse, Basilikum, selbstgemachter Mozzarella

Zubereitungszeit: 25 Minuten

Den Backofen auf 220 °C Umluft vorheizen.

Spinat und Tomaten waschen, die Pilze putzen. Die frischen Tomaten fein würfeln, 1 EL zum Servieren beiseite stellen. Pilze, getrocknete Tomaten und Spinat in mundgerechte Stücke schneiden.

Das Gemüse mit dem Mehl, Wasser, der Hefe und dem Olivenöl in eine Schüssel geben. Deckel verschließen und gut durchschütteln. Das erfordert etwas James-Bond-Kraft, denn wir wollen alles zu einem festen Teig schütteln.

Den Teig auf einem mit Backpapier ausgelegten Blech verstreichen und in eine runde Form bringen. Wenn du ein Pizzablech hast, kannst du ihn auch auf dieses drücken. Optional mit veganem Streukäse bestreuen oder mit Mozzarella belegen.

Die Pizza 12–15 Minuten im Ofen auf mittlerer Schiene golden backen. Mit Basilikum und der restlichen Tomate belegt servieren.

Kreative Abwandlung

Ich liebe die Pizza auch mit Räuchertofu und Mais. Dazu den Räuchertofu klein würfeln und die Pilze durch Mais ersetzen.

Vegane Carbonara mit Tempehwürfeln

Wow, das ist so ein ganz untypisches Gericht für mich. Aber was wäre ein Typ ohne »Untyp«. Damit das Ganze dann wieder typischer wird, gönne ich mir hier gerne einen großen Salat vorab. Bist du hier typisch oder eher untypisch?

Zutaten für 2 Portionen

Tempeh

100 g Tempeh (optional Tofu)

1 EL Olivenöl

2 EL Kokos-Aminos-Soße (oder 1 EL Sojasoße und 1 EL Ahornsirup)

Flüssigrauch oder Rauchsalz nach Belieben

¼ TL schwarzen Pfeffer

Pasta

170 g Nudeln

Carbonara

100 ml Sojamilch

1 EL Hefeflocken

1 geh. TL helles Nussmus

1 gestr. EL Mehl (z. B. Kichererbsen- oder Hafermehl)

⅓ TL Kala Namak

Pfeffer

Zubereitungszeit: 15 Minuten

Den Tempeh (oder Tofu) in kleine Würfel schneiden. Etwas Öl in einer beschichteten Pfanne erhitzen, die Tempehwürfel hineingeben und bei schwacher Hitze 5 Minuten goldbraun braten.

In der Zwischenzeit die Nudeln nach Packungsanleitung zubereiten.

Die Tempehwürfel mit Kokos-Aminos-Soße sowie Rauchsalz und Pfeffer würzen. Den Tempeh vollständig glasieren und dann beiseite stellen.

Für die Carbonara alle Zutaten in einen Mixer geben und glatt pürieren. Die Soße in eine große, antihaftbeschichtete Pfanne gießen.

Wenn die Nudeln fast al dente sind, die Carbonara-Soße unter Rühren ca. 1 Minute erwärmen, bis sie leicht eindickt. Nudeln in die Soße geben, 1 weitere Minute kochen, bis alles vollständig mit der Soße überzogen ist.

Mit dem Tempeh vermengen, pfeffern und sofort servieren.

Option: Carbonara Style

Ich nutze auch gerne mein Basis-»Ei-Rezept« (siehe Seite 175) für vegane Carbonara.

Dafür kannst du den Ei-Teig in einem Kochtopf oder einer Pfanne einmal kurz für etwa 4 Minuten anbraten und dann gekochte Spaghetti oder rohe Zucchini-Nudeln dazurühren. Für 3 Minuten köcheln und mit zum Beispiel dem Tempura-Gemüse (siehe Seite 175) servieren.

Vegane Quiche Lorraine

»Quiche Lorraine ist eine französische Spezialität, bei der sich Räucherspeck, Eier und Sahne ein Stelldichein geben.« Ups, da habe ich wohl etwas missinterpretiert und alles durch Bohnen (Tofu), Bohnen (Mehl) und noch mehr Bohnen (Sojajoghurt) ersetzt. Ich hoffe, du nimmst mir das nicht übel und gibst ihr eine Chance, ihr wahres Bohnen-Glück zu entfalten.

Zutaten für 9–12 Stück,

1 Springform mit 22–24 cm Durchmesser

Mürbeteig

180 g Mehl (nach Wunsch glutenfrei)

70 g vegane Butter

3–4 EL Eiswasser

1 Prise Salz

Füllung

1 Stange Lauch

200 g Räuchertofu oder Naturtofu und Rauchsalz

1 EL Öl zum Braten

400 g Sojaquark oder Sojajoghurt

80 g weißes Bohnenmehl (oder Kichererbsenmehl)

100 ml Gemüsebrühe

1 Knoblauchzehe

2 EL Hefeflocken

1 TL Natron

1 TL Kala Namak

½ TL Kurkuma

Pfeffer, Salz, Muskatnuss

Zubereitungszeit: 30 Minuten / Backzeit: 25–30 Minuten

Die Zutaten für den Teig in einer großen Schüssel vermengen und kneten, bis der Teig zusammenklumpt.

Den Teig auf eine Arbeitsfläche geben und weiter kneten, bis er schön glatt ist. Ihn anschließend für ca. 30 Minuten in einer Aufbewahrungsbox (oder notfalls Frischhaltefolie) in den Kühlschrank stellen.

Den kalten Teig auf einer bemehlten Arbeitsfläche dünn ausrollen und in eine leicht gefettete Form legen. Die Ränder hochziehen und den Boden mit einer Gabel einige Male einstechen. Wenn dir das alles zu lange dauert, funktioniert es auch, den Teig ohne Kühl-und-Rollprozess direkt in die Form zu drücken.

Den Lauch in feine Ringe und den Räuchertofu in feine Würfel schneiden. Beides zusammen in ein wenig Öl kross anbraten. Beiseite stellen und abkühlen lassen.

Für die Füllung Quark, Bohnenmehl, Gemüsebrühe, Knoblauch und Gewürze in einen Mixer geben und cremig pürieren.

Den Räuchertofu und den Lauch mit der Creme vermengen und gleichmäßig in die Tarteform gießen. Glatt streichen und für 25–30 Minuten bei 200 °C backen. Anschließend aus dem Ofen nehmen und etwas abkühlen lassen.

Annelinas Tipp

Das ganze Protein und besonders das ganze L-Tryptophan, das in dieser Quiche steckt, wirkt wahre Wunder!

Falls du zu viel Füllung hast, kannst du diese in Muffinförmchen füllen und so backen. Es funktioniert auch ohne Boden und so sind sie ein super Fingerfood und Seelennahrung zum Mitnehmen!

Erbsen-Spinat-Dal

Eine Reise in den Orient gefällig? Mal ganz ehrlich, ich finde grüne Spalterbsen ja sowas von underrated. Nicht nur in Bezug auf die darin enthaltenen Nährwerte, sondern auch geschmackstechnisch. Sie machen unter anderem dieses Gericht auch quasi ohne Fettquelle super cremig.

Zutaten für 2 Portionen

150 g grüne Split-Erbsen (Erbsenhälften)
1 geh. TL Sesamöl zum Braten
1 daumengroßes Stück Ingwer
2 Zehen Knoblauch
1 Zwiebel
1 Tomate
200 ml Gemüsebrühe zum Ablöschen
100 ml Pflanzendrink oder mehr Gemüsebrühe
¼ TL Kurkuma
½ TL Dal-Gewürzmischung
100 g Spinat

Zum Servieren

Reis und nach Lust mehr frischer Babyspinat und Chiliflocken

Zubereitungszeit: 20 Minuten / Kochzeit: 30 Minuten

Erbsen gut abwaschen und mit der dreifachen Menge Wasser für etwa 20 Minuten kochen. Du kannst die Kochzeit verringern, indem du sie über Nacht oder für ein paar Stunden einweichst, das ist hier jedoch nicht wirklich nötig. Wenn du Verdauungsprobleme hast, lohnt es sich jedoch, da die Erbsen dadurch leichter bekömmlich werden. Das Einweichwasser und damit die in Hülsenfrüchten vorhandenen Antinährstoffe darfst du dafür entsorgen.

Währenddessen Knoblauch, Zwiebel und Ingwer schälen. Alles fein hacken und in einer Pfanne mit etwas Sesamöl anbraten. Wenn du kein Öl verwenden möchtest, die Tomate direkt mit reinschneiden und alles im Tomatensud kurz andünsten. Ansonsten nun deine Tomate klein schneiden und für 5 weitere Minuten garen.

Erbsen sowie Gemüsebrühe zusammen mit dem Pflanzendrink oder mehr Gemüsebrühe hinzugeben. Wenn du es besonders cremig magst, Kokosmilch verwenden. Jedoch bekommt das Gericht auch so eine sehr schön cremige Textur. Für 5 weitere Minuten köcheln und die Flüssigkeit leicht andicken lassen.

Die Gewürze sowie den frischen Spinat dazugeben. 3 Minuten köcheln lassen und vom Herd nehmen.

Mit Reis, Chili und mehr frischem Spinat oder auch einfach so servieren. Ich gebe auch gerne noch Koriander oben drauf.

Annelinas Tipp

Green Babes: Genau wie alle anderen Hülsenfrüchte (zu den Hülsenfrüchten zählen Trockenerbsen, Kichererbsen, Linsen und Bohnen) sind Spalterbsen eine super günstige, leckere, nachhaltige und proteinreiche Quelle für Ballaststoffe und Tryptophan. Aber im Gegensatz zu ihren Verwandten, den Kichererbsen und getrockneten Bohnen, müssen Spalterbsen NICHT eingeweicht oder vorgekocht werden, d. h. sie sind in Windeseile gar. Ein Hoch auf Quick-Dishes unter der Woche!

Kartoffelauflauf mit Pilzen

Genau genommen besteht dieses Gericht fast nur aus Gemüse. Denn Bohnen, Erbsen und Co sind einjährige Pflanzen und gelten somit, botanisch gesehen, als Gemüse. Und dazu noch als absolute Tryptophan- bzw. Eiweiß-giganten, weswegen sie auch unbedingt in dieses Rezept mit hineinwollten.

Zutaten für 2–3 Portionen

1 Auflaufform: ca. 22 cm × 15 cm

750 g Kartoffeln
150 g Bärlauch, Lauchzwiebeln oder Lauch

Für die Soße
100 g weiße Bohnen (aus dem Glas)
40 g Mandelmus
2 geh. EL Hefeflocken
1 geh. TL Senf
200 ml Gemüsebrühe
3 Prisen frischen Muskat

Für die Pilze
150 g Austernseitlinge
1 EL Sesamöl zum Braten
1 EL Sesam
¼ TL Rauchsalz oder nach Geschmack
Pfeffer

Optional: Du kannst auch etwas mehr Soße machen und davon 4 EL für deine Pilze verwenden

Servieren mit Salat

Vorbereitungszeit: 15 Minuten / Backzeit: 40 Minuten

Den Ofen auf 180 °C Umluft vorheizen.

Die Kartoffeln waschen, putzen, schälen und in feine Scheiben schneiden.

Den Bärlauch (Lauch oder Lauchzwiebeln) ebenfalls waschen und in feine Streifen oder Ringe schneiden.

Für die Soße die Bohnen absieben, gut waschen und mit den restlichen Zutaten in einen Mixer geben. Einmal richtig gut pürieren, bis eine feine Creme entsteht.

Kartoffeln, Bärlauch und Soße in einer Auflaufform miteinander vermengen. Wenn du deine Pilze ebenfalls in der Soße anbraten möchtest, 4 EL davon beiseite stellen.

Optional deinen Kartoffelauflauf noch mit veganem Käse und etwas Olivenöl besprenkeln.

Den Auflauf für 40–45 Minuten im Ofen golden backen.

Pilze
Die Austernseitlinge putzen und je nach Größe halbieren oder dritteln. Wenn sie noch klein und knackig sind, darfst du diesen Schritt auslassen.

Sesamöl in einer Pfanne erhitzen und die Pilze dazugeben. So lange anbraten, bis die Flüssigkeit verdampft ist. Anschließend Sesam, Rauchsalz und Pfeffer dazugeben und eine weitere Minute braten.

Wenn du etwas von deiner Auflaufsoße übrig hast, diese nun ebenfalls für die letzte Minute dazugeben.

Die Pilze vom Herd nehmen und mit dem Kartoffelauflauf sowie nach Belieben mit Salat servieren.

Lazy Mac
No Cheese Bake

Ganz ehrlich, ich bin voll der Fan von meinen All-in-One-Bake-Gerichten. Durch die Böhnchen bekommt das Gericht nochmal eine extra Tryptophan- und Proteinladung. Und los geht's!

Zutaten für 4 Portionen

Käsesoße

70 g Cashewkerne, eingeweicht (oder 60 g helles Nussmus)

230 g weiße gekochte Bohnen wie Cannellini

120 g Karotten

3 Knoblauchzehen

30 g Hefeflocken

500 ml Pflanzenmilch

550 ml Gemüsebrühe

1 EL Zitronensaft

1 EL Senf

Pasta

450 g Makkaroni

Optional Semmelbrösel

2 EL pflanzliche Butter oder Olivenöl

100 g Semmelbrösel

Salz

80 g veganer Käse

Vorbereitungszeit: 10 Minuten (ohne Einweichzeit) / Backzeit: 40–45 Minuten

Den Ofen auf 230 °C vorheizen und eine 9×13" große Auflaufform mit Öl einfetten. Die Cashewkerne mindestens 20 Minuten (am besten über Nacht) in heißem Wasser einweichen, falls noch nicht geschehen.

Alle Zutaten für die Käsesoße mit den eingeweichten Cashews in einen Hochleistungsmixer geben. Mindestens 60 Sekunden lang auf höchster Stufe mixen, bis eine glatte Soße entsteht.

Die Makkaroni in die Auflaufform geben und die Soße darübergießen. Optional den Käse darüberstreuen und mit einem Spatel oder Löffel gut vermischen. Die Auflaufform entweder mit einem Deckel oder einer Folie bzw. Alufolie abdecken.

Auf der mittleren Schiene des Ofens 40 Minuten backen, dann herausnehmen und mit einem Spatel die Soße und die Nudeln gut verrühren. Wenn dir das jetzt schon Mac-No-Cheese-Style genug ist, ist hier dein Gericht fertig zum Genießen. Ansonsten fortfahren.

Semmelbrösel
Während die Nudeln backen, das Fett erhitzen und die Semmelbrösel sowie Salz dazugeben. Aufpassen, dass die Brösel nicht anbrennen. Beiseite stellen, bis der Auflauf fertig gebacken ist.

Die gebackenen Makkaroni und den Käse mit den Semmelbröseln bestreuen und wieder auf die mittlere Schiene des Ofens schieben. Bei leicht geöffneter Tür 2 bis 5 Minuten auf höchster Stufe grillen und dabei darauf achten, dass die Semmelbrösel nicht verbrennen. Sobald die Semmelbrösel goldgelb sind, die gebackenen Nudeln aus dem Ofen nehmen und warm servieren.

Reste halten sich im Kühlschrank bis zu 5 Tage und können in der Mikrowelle, auf dem Herd oder im Ofen aufgewärmt werden.

Schneller Teriyaki-Wok

Der Begriff Teriyaki kommt aus der japanischen Küche und steht für die Zubereitungsart von Fisch, Fleisch und Gemüse mit einer besonderen Teriyaki-Soße. So besonders, dass dieses Gericht komplett ohne Fisch und Fleisch auskommt und somit auch in unser Mood-Food-Konzept passt.

Zutaten für 2 Portionen

Soße
1 Zehe Knoblauch
50 ml Soja- oder Tamarisoße
60 ml Wasser
30 ml Balsamico
40 g (Dattel-)Zucker
1 TL Stärkemehl

Optional: 1 EL Erdnussmus

200 g Zuckerschoten
1 Paprika
1 Zucchini
2 Karotten
1 kl. Brokkoli
1 Zwiebel
200 g Tofu
1 Stück Ingwer, daumengroß
1 EL Sesamöl zum Braten
150 g breite Glasnudeln

Geröstete Erdnüsse und Koriander zum Servieren

Zubereitungszeit: 15 Minuten

Für die Soße den Knoblauch schälen und klein hacken. Mit der Sojasoße, Wasser, Balsamico und Zucker sowie optional Erdnussmus zum Kochen bringen und bei niedriger Temperatur für 5 Minuten köcheln lassen.

In der Zwischenzeit das Gemüse waschen, Zuckerschoten, Paprika, Zucchini und Karotten in gleich große feine Streifen schneiden. Den Brokkoli in Röschen zerteilen und den Strunk ebenfalls in Streifen schneiden. Er schmeckt wie Kohlrabi. Wenn die Schale sehr holzig ist, Strunk davon befreien.

Den Tofu würfeln, Ingwer schälen und klein hacken.

Für die Soße das Stärkemehl in 1 EL kaltem Wasser gut verrühren, sodass sich alle Klümpchen auflösen. Unter Rühren in die kochende Soße geben, kurz aufkochen lassen, bis die Soße andickt und eine glasurartige Konsistenz hat. Anschließend vom Herd nehmen.

In einer Wokpfanne das Öl erhitzen, Tofu und Ingwer dazugeben sowie 2 EL der Teriyaki-Soße. Den Tofu für 3–4 Minuten darin glasieren. Wokgemüse dazugeben und kurz anbraten. So viel Teriyaki-Soße dazugeben, bis das Gemüse bedeckt ist. Gar braten.

Währenddessen die Glasnudeln nach Packungsbeilage zubereiten. Das Wokgemüse vom Herd nehmen und mit den Glasnudeln sowie den Nüssen und dem Koriander servieren.

Annelinas Tipp

Schmeckt auch vorzüglich mit Reis anstelle von Glasnudeln.

Süßkartoffelpizza

Diese Pizza klingt aufwändiger, als sie ist – versprochen! Du kannst dich hier mit den Zutaten wie immer austoben, ich bin kein Freund von komplett vorgegeben Rezepten, sie dienen immer nur als Inspiration. Denk daran, am Ende kreierst du das Rezept, das am besten zu dir passt

Zutaten für 2 Portionen

250 g Süßkartoffel
170 g Teffmehl
Backpulver
1 Prise Salz

Belag

5 Pilze
8 Cherrytomaten
1 Frühlingszwiebel
½ Handvoll Babyspinat oder Rucola
60 g Kichererbsen und/oder Räuchertofu

Marinade

1 EL Hefeflocken
½ TL Paprika, geräuchert
¼ TL Chili, geräuchert
1 TL Sojasoße

Zubereitungszeit: 20 Minuten / Backzeit: ca. 35 Minuten

Deine 1–2 Süßkartoffeln schälen, in kleine Stücke schneiden (etwa 3 cm) und in einem Topf mit reichlich Wasser 10 Minuten lang weich kochen. Wasser abschütten und die Süßkartoffel mit einem Kartoffelstampfer oder einer Gabel zermatschen (ich habe dafür den gleichen Topf verwendet).

Den Ofen auf 190 °C vorheizen.

Mehl, Backpulver und Salz zum Püree hinzugeben und mit einem Löffel mischen. Sobald die Mischung etwas abgekühlt ist, den Pizzateig mit deinen Händen kneten und zu einer Kugel formen.

Den Teig auf ein Stück leicht gefettetes Backpapier legen und mit einem weiteren Backpapier bedecken. Mit einem Nudelholz oder einer Flasche ausrollen (ca. 0,7–1 cm dick). Deine Backzeit hängt am Ende von der Teigdicke ab. Das obere Backpapier abziehen und für später aufbewahren. Den ausgerollten Pizzateig mit dem Backpapier auf ein Backblech geben.

Jetzt kannst du dem Pizzabelag deine volle Aufmerksamkeit widmen. Dafür deine Käsesoße nach Rezept siehe Seite 133 zubereiten oder Tomatensoße aus dem Glas verwenden.

Die Pilze putzen, Tomaten, Frühlingszwiebeln und Spinat/Rucola waschen. Pilze, Tomaten und Frühlingszwiebeln in Scheiben/Ringe schneiden, Kichererbsen abgießen und gut abwaschen bzw. Räuchertofu mit den Händen zerkrümeln.

Die Zutaten für die Marinade verrühren, Kichererbsen oder Tofu darin marinieren. Falls noch etwas übrig ist, gerne die Pilzscheiben darin baden.

Den Pizzateig mit deiner Soße bestreichen. Das Gemüse und Tofu/Kichererbsen darauf verteilen. Die Süßkartoffel-Pizza für 10 bis 16 Minuten backen. Aus dem Ofen nehmen und mit frischem Rucola oder Babyspinat servieren.

Happy Pizzaing!

Happy Celebrating

Das beste Essen für die großen Momente

Balance is key

Genug der Gesundheit, lasst uns das Leben genießen. Spaß beiseite. Aber genau genommen ist es das, was Gesundheit für mich ausmacht. Das Gleichgewicht. Denn genauso wie das Essverhalten unsere Emotionen beeinflusst, beeinflussen unsere Emotionen unser Essverhalten. Das ist wie mit der Henne und dem Ei. Man weiß nicht genau, was zuerst da war – aber ohne das eine gäbe es das andere nicht. Was ich damit sagen will ist, dass die physische Gesundheit nicht ohne die psychische funktioniert und andersherum. Es ist ein wunderschöner Kreislauf.

A little Party never killed nobody

Balance is key. Das sind Worte, die wir immer wieder hören. Als guten Ratschlag, auf Werbeplakaten und im Internet. Doch was genau ist diese Balance?

Ich denke, das muss jede:r für sich selbst entscheiden. Aber ich möchte dich einmal dahin mitnehmen, was Balance für mich bedeutet und wie ich sie in meinen Alltag integriere. Früher war mein Alltag sehr durch Zwänge bestimmt. Was esse ich? Wann trainiere ich? Früh ins Bett und am besten nie

Alkohol, Zucker oder Gluten. Kennst du das auch? Es ist toll, an sich zu arbeiten und manchmal noch toller, mal nicht an sich zu arbeiten.

Mittlerweile glaube ich fest daran, dass das eigentlich genau dann passiert, wenn wir nicht ständig versuchen, etwas zu optimieren, sondern einfach nur sind. Dinge tun, weil sie sich gut anfühlen.

Um mehr Spontaneität und Balance in den Alltag zu integrieren, mag ich das 80/20-Prinzip (siehe Seite 52) gerne. Dadurch stillen wir Seelen- und Körperhunger. Das bedeutet, dass wir nicht einer total »gesunden« und restriktiven Diät folgen, bei der wir uns die ganze Zeit kontrollieren, sie möglicherweise immer wieder durch Essattacken unterbrechen und ein schlechtes Gewissen haben. Stattdessen hören wir mehr auf unseren Körper und geben ihm das, was er braucht. Dadurch gewinnen wir Freiheit, und so wird unsere Ernährung dann eigentlich auch erst gesund. Denn wichtig ist:

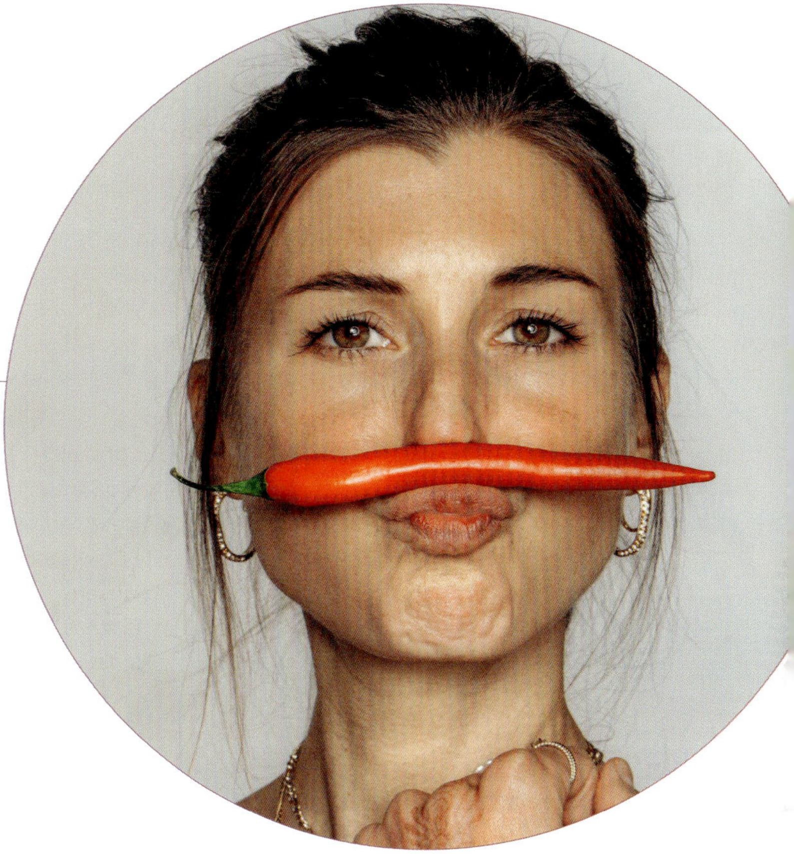

Es gibt keine (un)gesunden Lebensmittel

Jede Nahrung ist gesund, solange wir darauf achtgeben, dass unsere Ernährung ausgewogen ist. Verteufeln wir einzelne Lebensmittel, kann das für unsere Psyche sehr ungesund werden. Ein Apfel pro Woche bei überwiegend ungesunder Ernährung wird uns ebenso wenig helfen wie ein Stück Torte bei einer insgesamt gesunden Ernährung schaden.

Die mentale Gesundheit ist ein genauso wichtiger Teil. Auch hier lässt sich das 80/20-Prinzip super übertragen.

Also ran an das, was uns gut tut und raus aus dem Dogmatismus.

Buchweizenbrot

Da ich echt keine große Brotbäckerin bin, habe ich nun endlich auch ein Rezept kreiert, das für mich ganz wunderbar ist. Ich verspreche dir, du musst nichts können und es geht super schnell.

Zutaten für 1 Kastenform

500 g Buchweizenmehl

20 g Brotgewürz* (ich habe Thymian, gem. Koriander und Majoran benutzt)

1 TL Salz

3 EL Weinsteinbackpulver (16 g)

20 ml Olivenöl

Optional: 2 EL Hanfsamen, 2 EL Sonnenblumenkerne oder Kürbiskerne

*Alternative Gewürzmischung: Jeweils 5 g Fenchel-, Anis-, Kümmel- und Koriandersamen vermischen und mörsern oder fertiges Gewürz kaufen.

Vorbereitungszeit: 10 Minuten + 30 Minuten Gehzeit / Backzeit: 40 Minuten

Alle Zutaten in einer Schüssel mit 500 ml lauwarmen Wasser vermengen. Anschließend in eine passende Silikon-Kastenform oder eine eingefettete oder mit Backpapier ausgelegte andere Form füllen. Den Teig in der Form für 30 Minuten in Ruhe lassen.

Währenddessen den Backofen auf 175 °C Umluft vorheizen und das Brot nach der Ruhepause für etwa 40 Minuten backen. Anschließend aus der Form stürzen und auskühlen lassen.

Health Glückstipp

Buchweizenmehl ist eine wunderbare Proteinquelle da, es über alle essentiellen Aminosäuren verfügt. Das lieben wir immer ganz besonders in der pflanzlichen Ernährung. Willst du die biologische Wertigkeit des Aminosäure-Profils noch weiter aufpeppen, könntest du noch Erbsen oder Mais mitverbacken, oder das Brot mit einem leckeren Hülsenaufstrich wie Hummus genießen. Das fördert auch die Tryptophanbildung.

Polenta-Schnitten

Der Klassiker verfeinert mit Nussmus. Warm und kalt eine perfekte Ergänzung zu vielen Speisen. Als Inspiration möchte ich euch hier mal meine Variante des Quinoa-Salates vorstellen.

Zutaten für 2 Portionen

250 ml Gemüsebrühe
70 g Maisgrieß
1 Zweig Rosmarin
Meersalz und Pfeffer
¼ Bund Petersilie
2 EL helles Nussmus (Tahin, Cashew)
1 EL Hefeflocken (optional)
Einige Tropfen frischen Zitronensaft
Öl zum Braten und Ausfetten

Optionale Panade

1 EL Speisestärke (Stärkemehl)
Vollkornsemmelbrösel oder Maisbrösel

Serviervorschlag Quinoasalat

50 g Quinoa
100 g Feldsalat
½ Gurke
1 EL Zitronensaft
½ EL Ahornsirup
½ EL Olivenöl
Salz und Pfeffer

Zubereitungszeit: 35 Minuten zzgl. Abkühlzeit

Die Gemüsebrühe aufkochen und den Maisgrieß unterrühren. Den Rosmarin dazugeben und bei mäßiger Hitze und regelmäßigem Umrühren 10 bis 15 Minuten kochen.

Nach Ende der Garzeit mit Meersalz und Pfeffer würzen. Den Kräuterzweig herausnehmen.

Die Petersilie fein hacken. Zusammen mit dem Nussmus und den Hefeflocken in den Maisbrei rühren und mit Zitronensaft verfeinern.

Den Brei auf ein Backpapier streichen und komplett erkalten lassen.

Den kalten Brei mit einem Messer oder einem Pizzaroller in Rauten teilen. Sie schmecken auch jetzt schon vorzüglich und wenn du in Eile bist, kannst du den letzten Schritt auslassen und sie so anbraten.

Die Speisestärke mit ca. 3 EL Wasser verrühren. Die Rauten zuerst in der Stärke und dann in den Bröseln wenden.

Das Fett in einer Pfanne erhitzen und die Maisplätzchen darin golden backen. Aus der Pfanne nehmen, leicht abkühlen und aushärten lassen und beispielsweise mit dem Quinoa-Salat servieren

Für den Salat

Die Quinoa mit der dreifachen Menge Wasser nach Packungsbeilage kochen und abkühlen lassen. Feldsalat waschen, Gurke in Würfel schneiden.

Die abgekühlte Quinoa mit der Gurke und dem Feldsalat in einer Schüssel vermengen, Zitronensaft, Ahornsirup und Olivenöl dazugeben und gut durchmengen. Mit Pfeffer und Salz abschmecken und auf 2 Tellern verteilen. Die Polenta-Schnitten obenauf geben.

Rote-Bete-Salat mit Joghurtdressing

Auch wenn ich jedesmal etwas Motivation brauche, um frische Rote Bete zuzubereiten, weiß ich, sobald ich sie schmecke, direkt wieder, warum ich das mache. Rote Bete enthält noch dazu eine Menge an Mineralstoffen und Vitaminen und obendrein ganz schön viel Eiweiß, wie ich finde.

Zutaten für 2 Portionen

600 g Rote Bete
½ Apfel

Dressing
100 g Kokos-Sojajoghurt
3 EL Zitronensaft
1 TL Schwarzkümmel
1 Prise Zimt
Meersalz zum Abschmecken

Zubereitungszeit: 10 Minuten / Kochzeit: 30–40 Minuten

Die Rote Bete gut waschen und anschließend in wenig Wasser dämpfen. Das kann je nach Knollengröße 30–40 Minuten dauern.

Währenddessen die Zutaten für das Dressing miteinander verrühren.

½ Apfel gut waschen, entkernen und in sehr kleine Würfel schneiden.

Sobald die Rote Bete weich ist, vom Herd nehmen und einmal kurz mit kaltem Wasser abschrecken. Die Knollen etwas abkühlen lassen, bis du sie mit Handschuhen oder auch direkt so anfassen und die Haut mit den Händen abziehen kannst. Solange sie noch heiß sind, geht das super einfach.

Anschließend in sehr feine Würfel schneiden.

Die Rote Bete mit dem Apfel und dem Dressing in einer Schüssel vermengen und direkt genießen, kalt stellen oder zum Buffet mitbringen.

Annelinas Tipp

Die Vitamine in Roter Bete unterstützen wichtige Körperfunktionen wie zum Beispiel die Sehleistung, den Knochenaufbau, den Proteinstoffwechsel und die Funktion deines Immunsystems. Die enthaltene Folsäure ist entscheidend an unserer Blutbildung und dem Zellwachstum beteiligt. Das Vitamin C unterstützt unser Abwehrsystem sowie viele körpereigene Stoffwechselprozesse. **Ein Knüller diese Knolle.**

Teriyaki-Bällchen

Die Bällchen sind ein super Fingerfood und werden deine Partygäste oder Picknick-Freunde sicherlich begeistern.

Zutaten für 9–10 Bällchen

1 kl. Zwiebel/Frühlingszwiebel
50 g Haferflocken
1 Knoblauchzehe
1 EL Tomatenmark
1 EL Sojasoße
1 EL Reissirup oder anderen
¼ TL Chiliflocken
½ TL frischen Ingwer, gerieben
200 g (dunkle) Bohnen, gekocht*
30 g gemahlene Walnüsse

Für die Soße

75 ml Sojasoße oder Tamarisoße
30 ml Sirup (z. B. Reis- oder Ahornsirup)
1 geh. EL Sesamöl
1 flachen TL Ingwer, frisch gerieben
1½ TL Speisestärke
Optional: ¼ TL Fünf-Gewürze-Pulver

Serviervorschlag

125 g Reis oder Quinoa
Sesam
Frühlingszwiebeln
Gurke

Vorbereitungszeit: 15 Minuten / Backzeit: 25 Minuten

Den Ofen auf 180 °C (Umluft) vorheizen und ein Backblech mit Backpapier oder Backmatte belegen.

Für die Hackbällchen Zwiebel schälen und fein hacken. Zusammen mit den restlichen Zutaten in einem Food-Processor oder mit einem Stabmixer zu einer homogenen Masse verarbeiten. Verwendest du einen Stabmixer, hilft es, die Masse in einem hohen Mixbehälter in 2–3 Portionen zu unterteilen und nacheinander zu mixen. Mit Salz und Pfeffer abschmecken. Die Masse sollte eine kompakte, formbare Konsistenz haben. Sollte sie zu feucht und klebrig sein, kannst du noch ein paar Haferflocken oder gemahlene Walnüsse untermischen.

Den Bohnenteig mit feuchten Händen zu kleinen Bällchen formen und auf das Backblech setzen. Sie dürfen jetzt ca. 20 Minuten im vorgeheizten Ofen garen.

In der Zwischenzeit die Teriyaki-Soße zubereiten. Dafür alle Zutaten bis auf das Stärkemehl in einem Topf für 5 Minuten köcheln lassen.

Zum Binden die Speisestärke in 2 EL kaltem Wasser auflösen, unter die köchelnde Soße rühren und andicken lassen. Dabei aufpassen, dass die Soße nicht zu dick wird. Lieber erst weniger dazugeben.

Die Bällchen aus dem Ofen nehmen und mit der Hälfte der Soße glasieren, nochmal 5 Minuten im Ofen garen. Mit z. B. 125 g gekochtem Reis sowie der restlichen Teriyaki-Soße und Frühlingszwiebeln sowie frischen Gurkenwürfeln servieren.

***Annelinas Tipp**

Wenn es schnell gehen muss, nehme ich für die Bällchen gerne Kidneybohnen oder andere aus der Dose. Habe ich 20 Minuten mehr Zeit, nutze ich gerne Mungobohnen. Die sind auch super schnell gekocht.

Bohnensalat Thunvischstyle

An alle Sellerie-Verneiner:innen: Ich bitte euch, es lohnt sich diesmal JA zu sagen! Bei diesem Rezept kann ich dir versprechen, dass du es nicht bereuen wirst. Voraussetzung: Du würfelst den Sellerie so klein wie möglich, das ist essentiell für dieses Rezept!

Zutaten für 3–4 Portionen

150 g Kichererbsen aus dem Glas, gekühlt
200 g weiße Bohnen aus dem Glas, gekühlt
1 Stange Staudensellerie
1 Frühlingszwiebel
5 saure Essiggurken
4–5 EL Gurkensud
3 EL Tahin
3 EL Zitronensaft oder heller Balsamico
½ TL Salz
¼ TL Pfeffer
⅛ TL Kala Namak
2 TL Senf
3 EL Wasser
½ Nori-Blatt

Zubereitungszeit: 15 Minuten

Die Kichererbsen und die Bohnen in ein Sieb geben und gut waschen, bis kein Schaum mehr entsteht. Anschließend in eine große Schüssel geben. Bohnen und Erbsen mit einer Gabel oder einem Kartoffelstampfer grob zerdrücken, sodass eine dickere, thunvischartige Konsistenz entsteht.

Sellerie und Frühlingszwiebel waschen. Sellerie und Essiggurken sehr fein würfeln, die Zwiebel in dünne Ringe schneiden.

In einer Schüssel den Gurkensud mit Tahin, Zitronensaft und den anderen Zutaten, bis auf das Nori-Blatt, zu einer Soße verrühren. Das Nori-Blatt mit einer Schere in feine kurze Streifen schneiden. Zusammen mit dem Dressing zu deinen Bohnen geben und zu einem Thunvisch-Salat vermengen. Den Salat kalt servieren.

Der Salat schmeckt z. B. auch auf einer Stulle oder im Sandwich lecker.

Annelinas Tipp

Ich stelle die Bohnengläser davor gerne in den Kühlschrank, da mir der Thunvisch-Salat kalt am besten schmeckt.

Kidneybohnenpatty für Burger oder Bowls

Die Patties funktionieren ohne den Burger mindestens genauso gut.

Zutaten für 4–6 Patties

400 g Kidneybohnen
1 EL Tomatenmark
1 Zwiebel
¼ Bund Petersilie
100 g Haferflocken, feinblatt
½ EL Sojasoße
1 TL geräuchertes Paprikapulver
Pfeffer und Salz zum Abschmecken

Für den Burger
4 Salatblätter
⅛ Gurke
1 Tomate
4 Bürger-Brötchen deiner Wahl
Vegane Mayonnaise
Vegane BBQ-Soße (siehe Seite 163)

Zubereitungszeit: 30 Minuten + 60 Minuten Ruhezeit (nicht zwingend)

Deine Bohnen in ein Sieb geben und so lange mit kaltem Wasser abwaschen, bis das Wasser klar abläuft. Anschließend mit dem Tomatenmark in eine Schüssel geben und mit einem Pürierstab oder einem Kartoffelstampfer zu einem Mus verarbeiten.

Zwiebel schälen und fein würfeln. Die Petersilie waschen, trocken schütteln und die Blättchen fein hacken. Beides mit Haferflocken, Sojasoße, Paprikapulver, Salz und Pfeffer zum Bohnenpüree geben und verkneten. Im Kühlschrank 30–60 Minuten zugedeckt quellen lassen.

Währenddessen kannst du dich um deinen Burger kümmern. Salat, Gurke und Tomate waschen. Tomate und Gurke in Scheiben schneiden.

Aus der Masse 4 große oder 6 kleine Patties formen. Auf dem Grill oder in der Pfanne (mit Öl) von beiden Seiten 2–3 Minuten grillen oder braten.

Deine Brötchen in der Mitte halbieren. Die eine Seite mit Mayonnaise und die andere mit BBQ-Soße bestreichen. Den Salat, dann Patty, Tomate und Gurke auf deinen Burger schichten und mit der anderen Brötchenhälfte abschließen.

Raffiniertes Süßkartoffelbrot, zucker- und glutenfrei

Ich kann mich an kaum ein Gericht erinnern, in dem ich noch nicht meine Lieblingsknolle verkocht oder verbacken habe!

Zutaten für 10–12 Stücke

1 Süßkartoffel für 250 g Süßkartoffelbrei
100 g Datteln (4 Medjool), entsteint und in 100 ml Wasser eingeweicht
2 EL Leinsamen + 6 EL Wasser
60 g Nussmus
2 TL Apfelessig
1 TL Natron
1 TL Zimt
300 g Haferflocken oder Hafermehl

Optional: 1 Prise Muskat und Salz

Zubereitungszeit: 15 Minuten / Backzeit Süßkartoffeln: 50 Minuten / Backzeit Brot: 60 Minuten

Die Süßkartoffel mit einer Gabel oder einem Messer einstechen und für 50 Minuten im Backofen buttrig weich backen.

Währenddessen die Datteln z. B. direkt im Mixgefäß mit 110 ml heißem Wasser übergießen und kurz einweichen, dann lassen sie sich leichter mixen. Die Datteln mit dem Dattelwasser, 2 EL Leinsamen sowie 6 EL Wasser zu einem Dattelbrei pürieren.

Die Süßkartoffel aus dem Ofen nehmen, kurz abkühlen lassen und schälen. In einer großen Schüssel die Kartoffel mit einer Gabel zu einem Brei zerdrücken.

Die Dattel-Leinsamen-Masse und die übrigen Zutaten dazugeben und nach Belieben weitere Gewürze hinzufügen. Mit einem Löffel zu einem Brei rühren. Die Masse wird fest, bleibt aber trotzdem noch luftig.

Den Teig in eine gefettete oder ausgekleidete Kastenform geben und 60 Minuten backen, oder bis ein Zahnstocher sauber herauskommt.

Aus dem Ofen nehmen, 10 Minuten ruhen lassen und auf einem Kuchengitter weiter auskühlen lassen.

Anschließend pur, mit Frischcreme oder veganer Butter servieren. Reste bei Zimmertemperatur in einem verschlossenen Behälter bis zu 7 Tage aufbewahren.

Healthy Glückstipp

Die Süßkartoffel ist prall gefüllt mit wertvollen Nähr-und Vitalstoffen und wurde sogar schon zum gesündesten Gemüse gekürt. Ich würde das nicht zu ernst nehmen, ihr aber als Gemüse im Hinblick auf das Backen definitiv ein prominentes Krönchen verleihen. Es gibt wenig Gemüse, durch das wir solches zusätzliches Nährstoffplus (auch Tryptophan) so einfach verbacken können.

Gesunde Apfelmark-Franzbrötchen

Vorab: Hier hält das Wort gesund, was viele oft damit verbinden. Die Brötchen schmecken definitiv gesund und leicht anders als das Original.

Zutaten für 8–10 Stück

Für den Teig

200 ml Pflanzenmilch
42 g frische Hefe
1 Prise Zucker
450 g Dinkelvollkornmehl
40 g Zucker (Erythrit, Kokoszucker oder anderer)
40 ml Kokosöl
2 EL Apfelmark
1 TL Zimt
1 Prise Salz

Füllung

3 EL Zimt
4 EL Kokoszucker
200 g Apfelmark

Zubereitungszeit: 15 Minuten / Gehzeit: 1 Stunde / Backzeit: 20 Minuten

Die Pflanzenmilch erwärmen und in einer kleinen Schüssel mit der Hefe und 1 Prise Zucker deiner Wahl gut verrühren. Für 10 Minuten zur Seite stellen.

Mehl, Zucker, Öl, Zimt und Apfelmus mit 1 Prise Salz in eine Schüssel geben. Die Hefemischung dazugeben und alles zu einem geschmeidigen Teig verarbeiten.

Zugedeckt für eine Stunde ruhen lassen, bis sich das Volumen des Teigs verdoppelt hat.

Geheimtipp: Du kannst deine Teigschüssel z. B. unter deiner Bettdecke kuscheln lassen. Da fühlst nicht nur du dich wohlig und entspannt, sondern auch dein Teig.

Sobald der Teig aufgegangen ist, eine Arbeitsfläche mit Mehl bestäuben. Teig nochmals durchkneten und zu einem Rechteck ausrollen.

Zimt mit Kokoszucker und Apfelmark vermischen und den Teig damit bestreichen.

Den Teig der Länge nach möglichst eng aufrollen.

Mit einem Messer in 8–10 gleich große Stücke schneiden. Die Rollen mit einem Holzstab in der Mitte eindrücken und anschließend mit einem großen Messer platt drücken.

Zum Schluss nochmal mit etwas Kokos-Zimt-Mischung bestreichen.

Für 20 Minuten bei 195 °C Heißluft im Ofen backen. Nach dem Backen etwas abkühlen lassen und noch warm mit ggf. übrigem Apfelmus genießen.

Annelinas Tipp

Wenn du etwas mehr Originalgeschmack wünschst, empfehle ich Dinkelmehl ohne volles Korn, zum Beispiel Typ 630.

Drei schnelle Mitbring-Wrap-Variationen

Let's wrap it up! Ich liebe Wraps als Picknick- oder Finger- und Partyfood über alles. Hier kannst du richtig kreativ werden und somit auch alle unterschiedlichen Geschmackstypen treffen.

Zutaten für je 1 Wrap

Italienisch inspiriert

60 g Kidneybohnen
2 Handvoll Rucola
2–3 getrocknete Tomaten
1–2 EL Nussmus
1 Tortilla (Vollkorn-, Mais- oder Gemüse-Tortilla)
1 EL Tomatenmark
1 EL Cranberries

Optional: 1–2 TL scharfe Soße

Zubereitungszeit: 10 Minuten

Mein Grundrezept: 1 Fettquelle, 1 grüne Salatvariation, weitere Rohkost, 1 pflanzliche Proteinquelle und dann gerne noch Kräuter und/oder eine scharfe, süße Note.

Die Bohnen in einem Sieb gut waschen, bis sich kein Schaum mehr bildet. Den Rucola ebenfalls waschen und die getrockneten Tomaten klein schneiden.

Die Tortilla gleichmäßig mit Nussmus bestreichen, sodass sie komplett bedeckt ist.

Anschließend das Tomatenmark darüber verteilen. Rucola sowie die restlichen Zutaten darauf schichten.

Mit einer scharfen Soße abschließen, dann die Außenseiten der Tortilla einklappen und wie einen Burrito aufrollen. Den Wrap in 6 Häppchen schneiden.

Orientalisch inspiriert

2 Handvoll Salat nach Wahl
5 Cocktailtomaten
⅛ Gurke
60 g Erbsen, Bohnen oder veganer Thunvisch
2–3 EL Hummus
1 Tortilla (Vollkorn-, Mais- oder Gemüse-Tortilla)
1 EL Cranberries oder Rosinen/ Dattelstückchen

Optional: frische Minzblätter

Das Gemüse waschen, die Cocktailtomaten in Scheiben schneiden und die Gurke in feine Streifen. Falls du Bohnen verwendest, diese ebenfalls gut waschen, bis sich kein Schaum mehr bildet. Erbsen kannst du auch gefroren benutzen oder kurz antauen lassen.

Den Tortilla mit dem Hummus bestreichen, Salat daraufgeben und die restlichen Zutaten darauf schichten. Wie oben beschrieben fortfahren.

Annelinas Tipp

Zum Schneiden am besten in der Mitte der Rolle anfangen und nach außen schneiden. Je nach Tortilla in in 5–6 Häppchen schneiden. Bei Bedarf mit einem Zahnstocher fixieren.

Grieß-Nuss-Cookies

Ideal für ein Gastgeschenk oder zum Selbstnaschen, während du abends auf der Couch sitzt, und super schnell gemacht. Die Nüsse geben dem Ganzen einen traditionellen Touch und geizen wie üblich nicht mit ihren Vorzügen in Form von Kalium, Calcium und Magnesium.

Zutaten für 8 Kekse

30 g gemahlene Haselnüsse (oder Mandeln)
90 g Weichweizengrieß
40 g Ahornsirup
20 g Kokosöl
Abrieb von 1 Bio-Zitrone
1 TL Backpulver

Optional: 1 EL Puderzucker

Zubereitungszeit: 15 Minuten / Backzeit: 12 Minuten

Den Backofen auf 170 °C Ober-/Unterhitze vorheizen.

In einer Schüssel alle Zutaten miteinander vermengen. Jeweils zu walnussgroßen Kugeln formen, optional diese einmal in Puderzucker (Xylit) rollen. Die Kugeln mit großem Abstand auf ein mit Backpapier belegtes Backblech verteilen. Den Teig mit einem Gefäß oder der Handinnenseite zu Talern drücken und ggf. nachformen, sodass sie rund sind.

Die Cookies für ca. 12–14 Minuten backen und aufpassen, dass sie nicht braun werden. Wenn sie aus dem Ofen kommen, sind sie noch leicht weich und werden erst nach dem Abkühlen schön knusprig.

Kofu-Grillspieße

So ein Grillabend ist schon was sehr Feines. Und auch ohne Fleisch geht das richtig lecker! Wenn dir der Kofu zu viel Aufwand ist, kannst du diesen auch kaufen oder durch gekauften Tempeh oder Tofu ersetzen.

Zutaten für 2 Portionen

Spieße

10 kl. Champignons (braun)
2 kl. rote Zwiebeln
100 g Paprika
200 g Kofu, mediterran (siehe Seite 174)

Marinade

2 TL Tamarisoße
1 EL Tomatenmark
1 EL Olivenöl
1 ½ TL Balsamico-Creme
1 Prise Pfeffer

Optional: 1 Knoblauchzehe (gepresst)

Zubereitungszeit: 10 Minuten (zzgl. Kofu)

Das Gemüse waschen und in mundgerechte Stücke schneiden.

Den Kofu in Würfel schneiden.

Die Zutaten für die Marinade miteinander vermischen.

Das Gemüse und den Kofu auf einen Spieß stecken und mit der Marinade bepinseln.

Die Spieße auf dem Grill (Grillschale) oder in einer Grillpfanne von allen Seiten gut anbraten.

Annelinas Tipp

Die Grillspieße sind eine brillante Tryptophanquelle und reich an Protein durch den Kofu und die Champignons. Dein Bauch freut sich außerdem über wertvolle Mineralstoffe und Spurenelemente wie Kalium und Eisen.

Nori - Wassermelonensalat

Mir schmeckt der Salat am besten mit kalter Wassermelone. Ich lege sie deswegen gerne vor der Zubereitung in den Kühlschrank.

Zutaten für 2 Portionen

500 g Wassermelone, geschält
½ Gurke
½ Avocado
100 g Feto
5 Radieschen
½ Nori-Blatt
2 EL Sojasoße
2 EL Apfelessig oder Zitrone
1 EL Sesamöl
1 Frühlingszwiebel
1 EL Sesam, geröstet

Zubereitungszeit: 20 Minuten

Melone in Würfel schneiden. Gurke, Feto und Avocado würfeln, Radieschen in feine Scheiben schneiden.

Alle Zutaten auf einer Servierplatte vermengen.

Nori-Blatt mit der Schere in kurze, dünne Streifen schneiden. Für das Dressing die Sojasoße, Apfelessig und Sesamöl verrühren und die Nori-Blätter dazugeben. Über den Melonensalat träufeln und alles gut vermengen. Die Frühlingszwiebel in dünne Streifen schneiden und mit dem Sesam über den Salat streuen.

Leichte BBQ-Blumenkohl-Wings

Blumenkohl-Wings gehören zu meinen Lieblings-Kreationen. Diese Variante ist die leichteste. Sie schmeckt auch ganz ohne Öl und ist etwas für heiße Sommertage.

Zutaten für 4 Portionen

1 mittelgroßer Blumenkohl

70 g Dinkel-, Hafer- oder Kichererbsenmehl

120 ml Wasser

1 TL Meersalz

BBQ-Soße

1 Knoblauchzehe

100 ml Wasser

40 ml Balsamico-Essig

1 TL Paprika, geräuchert

70 g Tomatenmark

1 EL Dattelsüße oder Melasse

Zubereitungszeit: 20 Minuten / Backzeit: 25 Minuten

Den Backofen auf 220 °C (200 °C Umluft) vorheizen. Ein großes Backblech mit Backpapier auslegen.

Grüne Blätter vom Blumenkohl entfernen, dann den Blumenkohl mit einem scharfen Messer in mundgerechte Röschen schneiden.

Das Mehl in eine große Schüssel geben, 120 ml kaltes Wasser zugießen und alles zu einem glatten Teig vermischen. Die Blumenkohlröschen in dem Teig wenden, sodass sie vollständig überzogen sind.

Überschüssigen Teig von den Röschen abschütteln, dann eines nach dem anderen auf das Backblech legen. Die Röschen im Ofen 15 Minuten backen.

Für die BBQ-Soße den Knoblauch so fein wie möglich hacken. Mit den restlichen Zutaten in einem Kochtopf vermischen. Auf dem Herd zum Kochen bringen, die Hitze reduzieren und 10 Minuten köcheln lassen.

Den vorgebackenen Blumenkohl aus dem Ofen nehmen. Jedes Blumenkohlröschen in der Barbecue-Soße baden, zurück in den Ofen schieben und erneut 10 Minuten backen, bis der Blumenkohl knusprig ist.

Den Blumenkohl pur oder mit Sour Creme (siehe Seite 169) servieren.

Happy Creating

Die Basis deiner Glücksküche

Die Basis für das Glücksgefühl

Es gibt so viele gesunde Ernährungsweisen, wie es Menschen gibt, denn: jeder Mensch is(s)t anders! Daher sollten wir nur unserem eigenen Körper vertrauen.

Mein Bauchtipp: Esse nur dann, wenn du wirklich Hunger hast, nur das, worauf du Lust hast, was dir gut tut und – ganz wichtig – was du gut verträgst.

UND WENN ES DANN MAL NICHT SO REIBUNGSLOS LÄUFT UND DER DARM SICH MELDET?

Ja, auch das müssen wir angehen, denn wenn das nicht läuft, läuft erstmal nichts mehr. Zu einem Darm mit Charme gehört auch ein guter Stuhlgang. Und so selten wir darüber sprechen, so selten läuft alles wie am Schnürchen. Wenn's mal nicht so reibungslos läuft wie es gerne sollte, kann ich dir Folgendes ans Herz legen:

6 TIPPS FÜR DEINEN DARM MIT CHARME

- Bewegung wie mein Happy Gut Flow (siehe Seite 30/31)
- Genügend Wasser
- Eine Bauchmassage
- Reichlich Ballaststoffe (am besten 400g am Tag)
- Leichte Speisen
- Bauchatmung

Jetzt geht es den harten Sachen an den Kern: Wenn es etwas mehr eilt und dein Stuhlgang richtig hart unangenehm wird, kann folgendes als natürliches Abführmittel dienen: Leinsamen, Trockenpflaumen oder Trockenaprikosen.

Nehme 2 bis 3 Mal täglich 1 bis 2 Esslöffel Leinsamen zu dir und trinke ein Glas Wasser dazu. Optional sind auch Flohsamenschalen eine glibschig förderliche Angelegenheit. Löse dafür 1 TL Flohsamenschalen in Wasser, lasse es 30 Minuten stehen und trinke dies.

Ist das Ganze eine sehr flüssige Angelegenheit und dein Darm läuft etwas zu reibungslos, haben wir hier auch eine Lösung:

Gebe 1 TL Flohsamenschalen in sehr wenig Wasser und trinke es direkt. Die Flohsamen quellen im Darm und ziehen Wasser. Danach sollte es etwas weniger reibungslos, oder – je nach Perspektive – erst recht reibungslos funktionieren.

EXKURS FLOHSAMENSCHALEN

Sie sind deine liebsten Freund:innen der Darmpflege. Das hört sich erst mal nicht gerade appetitlich an und auch nicht vegan – ist es aber! Die Samen sind echt cool, besonders wenn es um die Darmtätigkeit und das Reinigen des Darms geht. Und natürlich haben sie rein gar nichts mit den Samen von Flöhen zu tun. Die Samen entstammen den Wegerich-Arten (Plantago) und bekamen ihren Namen, weil sie in Farbe, Form und Größe an Flöhe erinnern. Diese »Flöhe« kannst du beispielsweise in Wasser einweichen. Dann nehmen sie aufgrund ihrer Schleimstoffe gigantisch zu und dicken alles ein. Ihr Quellvermögen ist ein wahrer Traum für deinen Darm, besonders wenn du unter Verdickung oder Verdünnung deines Stuhlgangs leidest. In beiden Fällen wirken die Samenschalen heilend. Da sie Wasser binden, vergrößert sich ihr Volumen im Darm. Die Darmtätigkeit wird angeregt. Aber keine Angst, du wirst nicht plötzlich überrascht, es dauert 12–24 Stunden, bis die Schleimstoffe den Stuhl gleitfähiger machen. Bei »überschüssiger Flüssigkeit« im Darm können Flohsamenschalen ebenfalls helfen. Sie saugen sie förmlich weg und verdichten den Stuhl, die Schleimstoffe der Flohsamenschalen legen sich zudem schützend auf eine gereizte oder entzündete Darmschleimhaut und sorgen auch hier für Linderung. Der »Frühjahrsputz« kann also beginnen.

HIER EIN PAAR MEINER FERMENTIERTEN FAVORITEN

- Tempeh
- Pickled Veggies
- Sauerkarut
- Kimchi
- Nondairy Yogurth
- Soy or Coconut Kefir
- Kombucha
- Miso
- Sourdough Bread
- Coconut Aminos
- Brottrunk
- Probiotic Vegan Cheese

Cashewquark

Ich liebe ja Sojaquark! Da ich aber weiß, dass Soja für viele geschmacklich und von der Verträglichkeit her schwierig ist und es pflanzlichen Quark im Bioladen oft nur auf Sojabasis gibt, lege ich dir diese Alternative sehr ans Herz.

Zutaten für 1 Portion

100 g Cashewnüsse

½ Beutel Milchsäurekulturen (Symbiolact)

Zubereitungszeit: 10 Minuten / Einweichzeit: 4 Stunden / Reifezeit: 24–36 Stunden

Chashewnüsse mindestens 4 Stunden einweichen, dann gut abspülen. Mit 100 ml Wasser im Mixer cremig pürieren.

Anschließend mit dem Milchsäurepulver mischen. In ein Glas füllen und mit einem dünnen Tuch und einem Gummiband verschließen (nicht mit einem Deckel verschließen, damit die Mischung atmen kann).

Für 24–36 Stunden bei Raumtemperatur ruhen lassen.

Danach das Tuch abnehmen und direkt verwenden oder mit einem Deckel verschließen und im Kühlschrank aufbewahren.

Seidentofu

Seidentofu ist meist recht teuer und für viele für uns schwer zugänglich. Aus normalem Naturtofu kannst du ihn jedoch selbst ganz einfach herstellen.

Zutaten für 1 Portion

100 g Naturtofu

80–100 ml Wasser

Zubereitungszeit: 5 Minuten

Den Tofu ganz einfach mit dem Wasser cremig mixen. Die Menge lässt sich beliebig anpassen.

Sour Cream

Unsere Hauptzutat ist hier die Cashewnuss, aber wisst ihr was? Das ist gar keine Nuss, sondern streng genommen eine Steinfrucht. Sie ist ein perfekter Lieferant von Magnesium, Eisen und Tryptophan, ihr durchschnittlicher Ölgehalt liegt bei 45,6 %. Eine geschmeidige Angelegenheit – gerade richtig für unsere Sour Cream.

Zutaten für 250 ml

120 g Cashewkerne
½ Zitrone
1 EL Hefeflocken
120 ml Sojamilch
2 TL Apfelessig
½ TL Salz
1 große Handvoll frischer Schnittlauch

Zubereitungszeit: 5 Minuten zzgl. 10 Minuten Einweichzeit

In einer Schüssel die Cashewkerne 10 Minuten in kochendem Wasser einweichen. Absieben, abspülen und Einweichwasser wegschütten.

Die Zitrone auspressen und mit den weiteren Zutaten bis auf den Schnittlauch in ein Mixbehältnis geben. Erst auf niedriger und dann auf hoher Stufe cremig pürieren. Bei Bedarf die Masse vom Rand des Behälters nach unten schieben.

Schnittlauch in feine Ringe schneiden und mit deiner Sour Cream vermischen.

Die Creme in ein luftdichtes, verschließbares Glas füllen. Im Kühlschrank ist sie 3–4 Tage haltbar.

Dattelmus

Dattelpaste oder Dattelmus erhältst du beispielsweise auch in einigen orientalischen Supermärkten oder in Biomärkten. Ganz einfach kannst du sie jedoch auch selbst herstellen.

Zutaten für ca. 550 g Dattelpaste

2 Tassen entsteinte Medjool-Datteln
½ Tasse Wasser

Zubereitungszeit: 5 Minuten + ggf. Einweichzeit

Das Wasser mit den Datteln in einen Mixer geben und zu einer cremigen Masse pürieren. Wenn du keinen guten Mixer besitzt, kannst du die Datteln zuvor in Wasser einweichen oder beispielsweise auch heißes Wasser nehmen.

Dattelpaste in einem luftdichten Behälter im Kühlschrank bis zu 2 Wochen aufbewahren.

Dattelpaste anstelle von Zucker
Die Dattelpaste in einem Verhältnis von 1:1 verwenden, um beispielsweise Haushaltszucker oder Kokosblütenzucker zu ersetzen.

Dattelpaste anstelle von Ahornsirup
Die Dattelpaste in einem Verhältnis von 1:2 verwenden, sprich die doppelte Menge an Dattelpaste nutzen. Wenn in einem Rezept ½ Tasse Ahornsirup angegeben ist, empfehle ich, 1 Tasse Dattelpaste zu verwenden.

Annelinas Tipp

Ich liebe das Dattelmus zum Backen oder als Topping meines Joghurts. Es schmeckt super karamellig. Mit zusätzlichem Kakao kannst du eine Art Schokocreme zaubern. Auch Zimt oder Chai-Gewürze passen super.

Veganer Mozzarella

Dieser Mozzarella kommt sehr nahe an den echten heran. In Kombination mit Tomaten, Essig, Öl und Basilikum kannst du ihn wunderbar Nichtveganer:innen unterjubeln, ohne zu verraten, wie du ihn gemacht hast. Die Flohsamenschalen sind durch ihre glitschige Beschaffenheit in Kombination mit Wasser echte Mozzarella-Stars und rocken die typische gummiartige Konsistenz.

Zutaten für 2 Portionen

100 g Cashewkerne
200 g pflanzlicher Joghurt (ich nutze Sojajoghurt)
2 geh. EL Flohsamenschalen
2 EL Zitronensaft
Pfeffer, Salz nach Belieben
Optional: 2 EL Hefeflocken

Zubereitungszeit: 5 Minuten / Einweichzeit: 2 Stunden

Die Cashewkerne 2 Stunden lang in warmem Wasser einweichen. Das Wasser danach abgießen und die Cashewkerne mit frischem Wasser abspülen.

Die Flohsamenschalen in 200 ml Wasser geben, verrühren und für mind. 30 Minuten einweichen. 2–3 Mal umrühren, um eine gleichmäßige, geleeartige Konsistenz zu erhalten.

Alle Zutaten in einen Mixer geben und für 1 Minute zu einer zähen Masse pürieren.

Den Mozzarella in 2 Schüsseln geben und 1 Stunde in den Kühlschrank stellen.

Anschließend aus der Form in einen Teller stürzen und in Scheiben schneiden. Z. B. als Caprese oder auch auf Pizza oder Lasagne (siehe Seite 117 bzw. 123) servieren.

Annelinas Tipp

Dieses Rezept funktioniert auch ohne Joghurt. Dafür brauchst du dann 150 ml mehr Wasser – entspricht dann 350 ml insgesamt.

Falsche Beerenmarmelade

Eigentlich ist es keine Marmelade, sondern ein Aufstrich. Es ist vor allem der Zucker, der eine Marmelade ausmacht. Dieser macht sie haltbar und extrem süß. Dieses Rezept geht super fix und schmeckt viel intensiver als herkömmliche Marmelade.

Zutaten für 1 Glas à 200 g

200 g Beeren (ich nutze Himbeeren, Heidelbeeren oder Brombeeren)

1 Zweig Thymian

3 Datteln, entsteint

2 TL Dattelzucker

2 EL Chia-Samen

1 Prise Salz

Zubereitungszeit: 25 Minuten

Die Beeren mit einem Schuss Wasser bei schwacher Hitze köcheln, bis sie zerfallen. Es funktioniert auch mit Tiefkühlbeeren.

Die Datteln hacken und die Thymianblättchen vom Stängel streifen. Die Thymianblättchen noch etwas feiner hacken.

Beeren und Datteln in einem hohen Gefäß mit einem Pürierstab mixen, bis sie cremig sind.

Den Dattelzucker, Chia-Samen und Thymian sowie die Prise Salz unter die Beeren rühren und das Ganze in einem Schraubglas im Kühlschrank aufbewahren.

Die Marmelade hält sich dort einige Tage.

Annelinas Tipp

Besonders gut schmeckt mir die Marmelade in meiner abendlichen Joghurt-Bowl mit selbstgemachtem Granola und Beeren. Sie passt auch hervorragend zu den Pfannkuchen aus dem Ofen, dem frischen Buchweizenbrot oder den Quinoa-Brötchen. Auch zum Backen ist sie toll. Einzig zu bedenken ist hier, dass die Marmelade nicht so lange haltbar ist und somit auch die Haltbarkeit deiner Schnitten verkürzt. Sie mundet auch sehr lecker zu Vanilleeis und Vanillepudding!

4-Zutaten-Granola ölfrei

Granola esse ich gerne zwischendurch. Je mehr Varianten möglich sind, desto besser, denn dann gibt es für jede Stimmung den idealen Snack. Mit diesem Grundrezept könnt ihr euren Ideen freien Lauf lassen und jedem Tag etwas mehr Crunch geben.

Zutaten für 12 Portionen

120 g Haselnüsse
140 g Datteln (ca. 8 Medjool)
300 g Haferflocken
3 TL Zimt

Zum Servieren für 1 Schale

Zum Beispiel 400 g Sojajoghurt, ungesüßt mit 200 g Beeren

Zubereitungszeit: 15 Minuten / Backzeit 13–15 Minuten

Die rohen Haselnüsse in einen Mixer geben. Für ein intensiveres Haselnussaroma diese zuvor für 10 Minuten rösten. Kurz pürieren, bis sie grob gemahlen sind. Je nach Mixer kann das in 3–5 Sekunden gehen. Es können noch grobe Stücke enthalten sein. In eine Schüssel geben.

Die Datteln nun ebenfalls in einen Mixer geben und etwa 6–12 Sekunden lang, je nach Mixleistung, auf höchster Stufe mixen. Den Dattelbrei zu den Haselnüssen geben und mit den restlichen Zutaten vermengen.

Das Granola auf einem Backblech gleichmäßig verteilen und 13–15 Minuten (je länger, desto knuspriger) bei 180 °C backen.

Herausnehmen, abkühlen lassen und mit kaltem Joghurt oder Pflanzenmilch sowie Beeren genießen. Das restliche Granola in ein verschließbares Glas füllen und bis zu 1 Woche aufbewahren.

Ich snacke mein Granola gerne auch so, als eine Art Keks-Crumble.

Geteilte Grundmasse

60 g Haselnüsse
70 g Datteln (ca. 8 Medjool)
150 g Haferflocken

Zusatz

2 EL gepuffter Amaranth (oder Quinoa/Reis/Buchweizen)
2 EL Kokoschips
20 g Kokosöl
1 Prise Kardamom

Teile deine Grundmasse in 2 Mengen und gebe zu der einen Hälfte gepufften Amaranth, Kokoschips, Kokosöl und Kardamom dazu. Gehe vor wie bei deinem Grundrezept.

Kichererbsen-Kofu basic und mediterran

Kofu (Kichererbsen-Tofu) passt zu fast allen herzhaften Gerichten hervorragend gut als Beilage und ist super schnell gemacht. Fast ein bisschen wie Polenta, aber durch die Kichererbsen auch noch voller Nährstoffe und gut für unsere Verdauung.

Zutaten für 1 Stück

1 TL Öl für die Form
400 ml Wasser
100 g Kichererbsenmehl
1 TL Meersalz
1 Prise Kurkuma

Zubereitungszeit: 20 Minuten / Kühlzeit: ca. 2 Stunden

Eine quadratische Auflaufform von 20 × 20 cm leicht mit Öl einfetten und beiseite stellen.

Die Hälfte des Wassers in einem mittelgroßen Topf zum Kochen bringen.

In der Zwischenzeit Kichererbsenmehl, Meersalz und Kurkuma mit dem restlichen Wasser vermischen und verquirlen, bis keine Klümpchen mehr vorhanden sind.

Die Kichererbsenmehlmischung unter ständigem Rühren in das kochende Wasser geben. Die Hitze auf mittlere Stufe reduzieren und unter stetigem Rühren etwa 5 Minuten lang köcheln lassen, bis die Mischung eindickt und glänzend schimmert.

Sofort in die vorbereitete Form gießen. Abkühlen lassen und dann ca. 2 Stunden im Kühlschrank fest werden lassen. Nach mindestens 1 Stunde im Kühlschrank kannst du den Kofu aus der Form stürzen.

Dein Kichererbsentofu hält sich im Kühlschrank bis zu 4 Tage oder im Gefrierfach bis zu 3 Monate.

Je nach Bedarf zum Servieren in Scheiben oder Würfel schneiden und bei mittlerer Hitze in Olivenöl anbraten.

Variation: Tomaten-Oliven-Kofu

40 g Oliven
8 g getrocknete Tomaten in Öl
1 TL getrockneten Thymian
Optional: 10 g Kapern

Die Oliven, Tomaten und ggf. Kapern fein hacken.

Wie oben beschrieben den Kichererbsen-Tofu zubereiten. Wenn das Kichererbsenmehl mit dem Wasser vollständig verrührt ist, die anderen Zutaten dazurühren.

Den Brei 8–10 Minuten bei geringer Hitze köcheln lassen und wie in der Basic-Variante fertigstellen.

Lieblings-No-Egg-Teig

Ein Teig für jede Gelegenheit – der sollte auf keinen Fall im Kühlschrank fehlen. Ein paar Beispiele für die Verwendung habe ich hier schon mal für euch aufgeschrieben. Da er sich nach der Zubereitung bis zu 4 Tage im Kühlschrank hält, kann man ihn auch gleich auf Vorrat machen.

Zutaten für 1–2 Portionen

1 kl. Zwiebel
200 g Seidentofu oder weicher Tofu
30 g Stärkemehl
1 EL Hefeflocken
¼ TL Kurkuma
½ TL Kala Namak
½ TL Natron
2 EL Kokoschips
20 g Kokosöl
1 Prise Kardamom

Varianten
Z. B. gedämpfter Brokkoli, Blumenkohl, Rosenkohl

Rohes Gemüse
Zucchini, Staudensellerie, zerkleinerte Wirsing-Blätter

Zubereitungszeit: 5 Minuten

Die Zwiebel schälen und halbieren. Mit den restlichen Zutaten in einen Mixer geben und cremig pürieren.

Du kannst diese Creme beispielsweise für eine Quiche nutzen, für Tofu-Omelette (siehe Seite 49), Frittata Muffins (siehe Seite 47), Carbonara oder eine Art Tempura-Gemüse (siehe unten) oder als Soßenbasis für eine Gemüsesoße mit beispielsweise Spinat und Pilzen.

Carbonara-Style
Den No-Egg-Teig in einem Kochtopf oder einer Pfanne einmal kurz für ca. 4 Minuten anbraten, um dann gekochte Spaghetti oder rohe Zucchini-Nudeln dazuzurühren. Das Ganze für 3 Minuten weiterköcheln und mit zum Beispiel dem Tempura-Gemüse servieren.

Tempura-Gemüse
Was ich gerne damit mache, ist gekochten Rosenkohl, rohen Blumenkohl, rohen Brokkoli oder anderes Gemüse darin zu baden, welches ich dann auf ein mit Backpapier belegtes Backblech setze. Das Ganze bei 220 °C Grill für 15 Minuten im Ofen backen. Das wird so lecker und dein Gemüse erhält dadurch einen leichten Tempura-Effekt.

Nährwertangaben

Gericht / Angaben pro Portion (ohne Topping)	Energie (kcal)	Fett (g)	gestättigte Fettsäuren	Kohlen-hydrate (g)	Zucker (g)	Ballaststoffe	Eiweiß (g)	Portionen
Happy Evening								
Glutenfreie Gnocchi mit Salbei	407,7	7,6	1,2	64,3	2,3	11	11,5	3
Lasagne für dein perfektes Date	414,8	15,9	2,9	43,1	12,9	10,2	20,6	5
All-in-One-Pot-Pilzpasta Stroganoff	521,7	12,2	2,5	65,8	9,4	10,9	33,7	3
Bibimbap Bowl	514,5	11,6	2,2	62,3	12,2	12	34	2
Schüttelpizza	458,1	6	0,9	69,5	14,5	17,3	24,2	2
Vegane Carbonara mit Tempehwürfeln	371,6	18,3	2,9	28	2,6	28	21,7	2
Vegane Quiche Lorraine	183,9	9,1	2,9	15,3	1,4	2,1	8,6	10
Erbsen-Spinat-Dal	172,9	4,1	0,6	22,7	10,4	4,6	8,9	2
Kartoffelauflauf mit Pilzen	438,9	14,3	2,4	53,1	5,6	12,6	16,9	3
Lazy Mac No Cheese Bake	541,1	16,6	4,6	68,7	5,8	6,1	23	4
Schneller Teriyaki-Wok	719,7	12,1	2,2	125,2	46,6	13,3	25,2	2
Süßkartoffel-Pizza	530,6	5,8	1,1	82,8	11,2	12,7	25,9	2
Happy Basics								
Cashewquark	559	43,9	7,8	27,8	5,9	3,3	18,2	1
Seidentofu	122	6,5	4,3	1,4	0,1	-	13,3	1
Sour Cream	567,9	42,4	7,5	27,9	6,8	6,1	22,2	250 ml
Cashew-Parmesan	605,4	41,7	7,4	37,5	5,9	7,5	23,1	120 g
Dattelmus	628,9	0,4	0,2	145	145	8,5	7	550 g
Veganer Mozzarella	363,7	24,7	4,4	20,5	5,9	3,2	17,1	2
Falsche Beerenmarmelade	245,4	5,8	0,6	39,7	37,6	6,9	4,6	200 g
4-Zutaten-Granola ölfrei	199,2	7,8	0,8	26,1	11,1	4,8	5,1	12
Kichererbsen-Tofu basic	396,8	6,8	0,8	48,4	11	11,5	22,7	1
Tomaten-Oliven-Kofu	477	14,3	1,8	50	11,5	14,3	23,5	1
Lieblings-No-Egg-Teig	283	9,4	6	21,9	2,3	3,3	23,5	2
Happy Celebrating								
Buchweizenbrot	161,3	3,1	0,6	26,4	1,1	4,8	5,4	12
Polenta-Schnitten	235	9,5	1,4	27,1	1,6	3	8,4	2
Rote-Bete-Salat mit Joghurtdressing	205,3	2,1	0,4	31,9	20,4	7,8	7,5	2
Teriyaki-Bällchen	97,4	3,9	0,5	13	3,4	2,2	2,9	10
Bohnensalat Thunvischstyle	230,3	10,8	1,4	19,5	5,1	8,3	9,9	3
Kidneybohnenpatty für Burger oder Bowls	405,8	7,9	1,1	56,3	13	12,5	18,3	4
Raffiniertes Süßkartoffelbrot	176	5,7	0,6	24	7	4,6	4,9	12
Gesunde Apfelmark Franzbrötchen	199,6	4,4	3,1	32,2	8,3	5,8	8	12
3 schnelle Mitbring-Wrap-Variationen (italienisch)	331,5	15,1	1,4	33,7	15	9,3	10,7	1
3 Schnelle Mitbring-Wrap-Variationen (orientalisch)	182,5	3,9	0,5	26	9,8	5,3	7,7	1
3 Schnelle Mitbring-Wrap-Variationen (thailändisch	320,6	16,6	2,8	23,6	7,7	6,1	17,2	1
Grieß-Nuss-Cookies	101	4,7	2,4	13	4,6	1	1,8	8
Kofu-Grillspieße	242,9	9,7	1,4	26,2	10	6,3	11,1	2
Nori-Wassermelonensalat	304,3	18,6	3	21,7	17,2	5,3	11,8	2
Leichte BBQ-Blumenkohl-Wings	134,8	1,4	0,2	22,3	13,6	3,9	6,2	4
Pekanuss-Kürbis-Kuchen	313,7	20,3	10,1	29,2	13,7	6,1	5,2	12

Gericht / Angaben pro Portion (ohne Topping)	Energie (kcal)	Fett (g)	gestättigte Fettsäuren	Kohlen-hydrate (g)	Zucker (g)	Ballaststoffe	Eiweiß (g)	Portionen
Happy Morning								
Gesunder French Toast	298,9	8,6	5	43,4	10,4	5,1	9,6	2
Süßkartoffel mit Apfel und Zimt	215,9	3,7	0,3	38	26,4	7,5	7,5	2
Luftige Pfannkuchen aus dem Ofen (Mohn)	410,1	6	1	70,1	9,1	12,3	15	2
Luftige Pfannkuchen aus dem Ofen (Spinat)	364,5	4,2	0,8	63,8	3,2	11,1	15,2	2
Luftige Pfannkuchen aus dem Ofen (Karotten)	399,5	4,3	0,8	71,8	10,4	12,3	15,3	2
Quinoa-Frühstück-Muffins	274,9	8,1	1	36,7	8,4	5,4	9,9	4
Overnight Oats – dreierlei Gemüse (Basis)	377	13,4	1,5	37,8	1,8	11,5	21,9	1
Overnight Oats – dreierlei Gemüse (Zuccini)	455,6	13,9	1,6	47,4	10,7	12,7	24,8	1
Overnight Oats – dreierlei Gemüse (Karotte)	485,9	13,8	1,6	59,7	20,2	18,2	22,9	1
Overnight Oats – dreierlei Gemüse (Blumenkohl)	517,3	15,3	1,8	62,9	17,1	14,7	26	1
Scrambled Tofu	180,4	7,7	4,5	6,3	3,9	6,7	17,4	2
Glutenfreie Eiweißbrötchen	95,8	2,2	0,3	12,5	1	3,1	4,2	10
Frittata-Muffins	90,3	5,1	1,8	3,7	1,2	1,3	6,6	6
Veganes Omelette	289,5	11,4	1,6	43,1	2	2,7	13,1	2
Happy Lunching								
Bohnenfrikadellen mit Sesamsoße	293,2	18,4	2,6	22,5	4,1	6,2	9,4	2
Veggie-Casado-Bowl	493	18	2,5	56,3	17,9	11,4	24,4	2
Orientalischer Kichererbsen-Couscous-Salat	433	9,7	1,5	66,5	23,3	11,5	15	2
Ruckzuck-Teff-Naan mit Erbsendip	408,8	3,7	0,6	66,4	13,1	11	18	2
Eintopf-Tofunese	694,3	14,3	2,3	100	22,6	9,7	36,5	2
Schneller Glasnudelsalat	491	12,5	2,2	79,7	15,5	6,5	15,2	2
Cremige Auberginensoße mit Tagliatelle	582,2	7,5	1,5	101,5	14,1	11,4	21,3	4
Tortilla de Patata	339,5	9,5	1,7	43,6	5,7	7,1	19	2
Blumenkohlsteak mit Sesamtempeh	474,6	15	2,8	56,7	12,5	14,4	24,8	2
3-Zutaten-Kartoffelsalat mit Vischtofu	608,3	24,9	4,2	63,7	12	14,7	29,1	2
Happy Sweets								
Gesunde Zucchini-Brownies	117,7	5	0,7	13,1	7,4	4	4,4	12
Saftiger Karottenkuchen	191,8	8,3	5	24,6	8,9	4,7	5,1	12
Auberginen-Schoko-Kuchen	194,1	14,5	6,1	9,6	7,7	3,8	4,4	12
Protein-Glücks-Kekse 1	150,8	8,6	2,9	10,2	6,4	2,4	6,6	12
Protein-Glücks-Kekse 2	150,6	8,3	0,7	13,1	9,8	2,8	4,4	12
Protein-Glücks-Kekse 3	134,4	9,4	0,7	7,9	3,4	2,5	3,7	12
Schnelles-Fruchtcrumble mit Vanillesoße	244,2	6,5	0,9	44,2	12,4	4	6	8
Schneller Beerenkuchen	234,3	11	5,7	27,8	15,3	4,5	4,9	10
Gesunder, einfacher Zupfkuchen	204,5	9,2	2,5	32,8	6,8	4,5	9	12
Johannisbeerkuchen mit Quark und Streuseln	243,9	9,2	0,9	32,1	17,8	6,8	6,3	12
Blumenkohlmilchreis	254,6	6,3	1,8	24,1	7,5	8,6	23,1	2
Tiramisu für die schnelle Küche	216,9	9,6	2,1	22,3	10,7	2	7,5	8
Apfelrührkuchen-Blitzrezept	222,3	11,1	0,8	22,9	14,3	5,5	5,7	10
Weltbestes und gesündestes Bananenbrot	238,4	9,5	0,9	29,7	13	6,8	6,3	8
Kichererbsen-Nuss-Eis	170,5	9,5	2	14,3	10,1	4	4,7	7
Leichter Cheesecake mit oder ohne Boden	299	15,2	4,8	25,5	12,9	3,6	11,6	8
Aprikosenknödel mit Semmelbrösel	193,1	11,2	3	18,5	4,8	3,3	2,8	10

Danke

Liebe geht durch den Magen und wird von Freund:innen mit getragen – oder so ähnlich. Ich bin so dankbar für all die Menschen, die mich tragen, auch wenn ich mal am Verzagen bin!

Ein unvergleichbar großes Danke geht an meine Mama Sabine Vosseler Waller, meinen Papa Peter Waller und meine Managerin Sophie Raml. Ohne euch hätte ich definitiv Magenschmerzen. Danke für das Rezepte-Testen, Korrekturlesen, den ganzen Orga-Kram sowie alles, was ich von euch lernen durfte. Ein solches Buch ohne euch wäre unvorstellbar. Auch möchte ich meinem Freund Fedor Holz, Nina Hahn und Dom Quichotte einen besonderen Dank aussprechen. Fedor – danke für jeden Rat und deine mentale Unterstützung, Nina – danke, dass du meine zweite Hand bist und Dom – danke für die brillanten Bilder. Ihr seid echt Gold wert. Ich danke meinem Team, dem Verlag und all den Menschen, die ihre Arbeit in das Buch und mich gesteckt haben – über Pressereferent:innen, Korrekturleser:innen ... bis hin zu dir. Danke fürs Lesen.

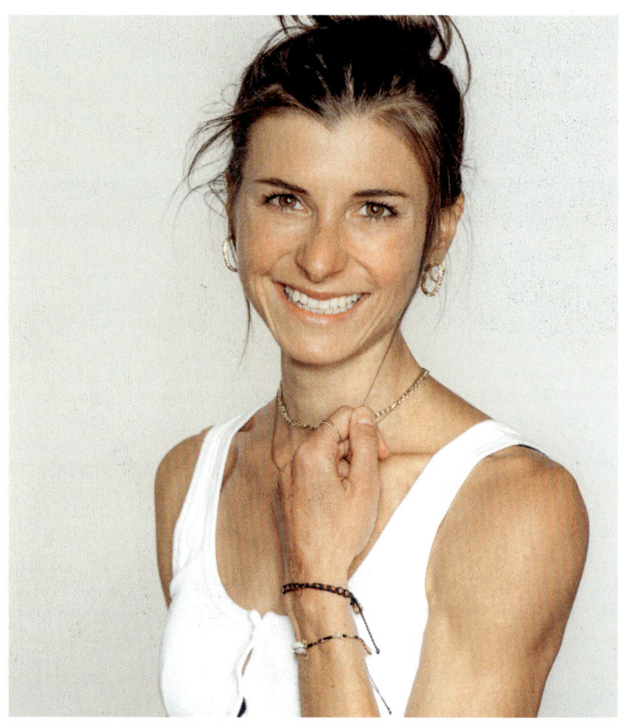

DOMQUICHOTTE

Der in Berlin lebende Fotograf DomQuichotte arbeitet regelmäßig mit internationalen Kunden im Bereich Fashion und Social Media. Sein Fokus liegt auf der Arbeit mit Models und Social Opinion Leaders. Dazu gehören Foto- und Contentproduktionen, zielgerichtete Kampagnen und Beratung von Agenturen und Brands. Zu seinen Kunden gehören sowohl große Brands wie Mercedes und Microsoft als auch Manufakturen wie Oceans Apart oder Designer wie Jasmin Erbas Couture. Seine Bildsprache ist geprägt von einem untrügerischen Gespür für Style und Ästhetik. Mit Annelina verbindet Dom eine langjährige Freundschaft und die Vertrautheit vieler gemeinsamer, fruchtbarer Shootings. Gemeinsame Kochsessions inklusive. Der perfekte »partner in crime« sozusagen.
Instagram: @domquichotte
Web: https://domquichotte.com